世界と日本
がわかる
国ぐにの歴史

一冊でわかる
トルコ史

関 眞興
Seki Shinkoh

河出書房新社

はじめに

トルコの本当の姿を知る

トルコ共和国は、アジアとヨーロッパにまたがるおよそ78万㎢の面積をもっている大きな国です。その大部分はアジアの西端、アナトリア半島にあります。いまでも十分に広いのですが、かつてオスマン帝国だった時代には、最大版図《はんと》がおよそ520万㎢もありました。

もともとトルコ人の先祖《せんぞ》が遊牧民《ゆうぼくみん》だったこともあり、あらゆる宗教や文化が流れ込んだことにより、独自の歴史を歩んできました。

本書では、身近なようで詳《くわ》しくはあまり知られていないトルコという国に興味を抱《いだ》いている人たちに向けて、その歴史をわかりやすく紹介します。オスマン帝国《ていこく》以前のアナトリアにおけるトルコ人の歩み、オスマン帝国の拡大と分割《ぶんかつ》、そしてトルコ共和国の成立とその後について、解説していきます。

この本が、トルコという国の歩みを学んでいくきっかけになれば幸いです。

関眞興

知ってびっくり！

トルコの4つのひみつ

初めてトルコ史にふれるあなたに、意外な事実を紹介します！

ひみつ1

トルコの源流はモンゴル？

トルコ共和国はアジアとヨーロッパの両方に接する地にありますが、トルコ系民族は、もともとモンゴル高原で暮らしていました。6世紀半ばにモンゴル高原で誕生《たんじょう》した突厥《とっけつ》がトルコ系民族最初の大帝国です。

モンゴルからやってきました。

→くわしくは 20 ページへ

ひみつ2

奴隷でもエリートになれた!?

オスマン帝国では、キリスト教徒の優秀な子を集めると、トルコ語を教え、奴隷《どれい》として宮廷《きゅうてい》で働かせました。少年たちは、はじめスルタンの世話係《せわがかり》を務めましたが、才能があれば出世し、大宰相《だいさいしょう》への道も開かれていました。

→くわしくは 59 ページへ

わたしたちはイェニチェリといいます。

ひみつ3

兄弟を殺すことで帝国を維持!?

15世紀以降のオスマン帝国では、だれかがスルタンの座に就いた際、最初に自分の兄弟を殺していました。残酷《ざんこく》なようですが、これによりオスマン帝国は内部分裂することなく、長い間、国土を維持できたのです。

→くわしくは 63, 103 ページへ

「兄弟殺し」の
慣習をつくったのは

ひみつ4

第二次世界大戦に参加したのはわずか3カ月!?

トルコ共和国は第二次世界大戦が勃発《ぼっぱつ》すると、中立を守ろうとしました。しかし、ソ連の圧力により、1945年2月23日にドイツに宣戦布告します。ところが、5月にドイツが降伏してしまったため、実際の戦いには参加しませんでした。

→くわしくは 177 ページへ

戦時中、なるべく
中立を保ちました。

さあ、トルコ史をたどっていこう!

目次

chapter 2

オスマン帝国の成立

<アヤソフィア>

世界遺産にも登録されているイスタンブル歴史地域内にあるモスクで、日本ではハギア・ソフィアともいわれます。二度の焼失を経て6世紀にキリスト教国家のビザンティン帝国の皇帝ユスティニアヌス1世によって再建されました。1453年以降はオスマン帝国の支配下に入り、イスラム教のモスクとされます。4本のミナレット（イスラム教の宗教施設に付随する塔）が加えられるなど、イスラム教とキリスト教の特徴が混在している建築物です。

chapter 3 拡大するオスマン帝国

chapter 4 スレイマン大帝の時代

chapter 5 オスマン帝国最盛期

＜スルタンアフメト・モスク＞

イスタンブルにある大聖堂で、アフメト1世がつくらせたモスクです。白地に青の外観に由来して、ブルーモスクとも呼ばれます。6本のミナレットと直径27.5mの大きなドームがあり、その内部は数万枚のイズニク製の青い装飾タイルやステンドグラスで彩られています。

chapter 6 タンジマートの時代

chapter 7 トルコ共和国の成立

chapter 8 現代のトルコ

ひみつコラム

プロローグ

意外と身近な国、トルコ

日本でトルコといわれて真っ先に思い浮かぶのは、トルコ料理かもしれません。一時期日本で流行したトルコアイスやトルコヨーグルトのほか、ケバブの屋台やトルココーヒーを思い浮かべる人もいるかと思います。

また、「トルコ行進曲」というタイトルを見れば、その旋律《せんりつ》が頭のなかで再生される人もいるのではないでしょうか。

日本からトルコまでの距離は約９０００キロあり、やや遠い国です。しかし、トルコ人にとっての日本は「近い」国といえます。１８９０年にエルトゥールル号というトルコ（オスマン帝国）の船が遭難《そうなん》した際に日本人が救助を行ったことや、１９８８年に完成した第二ボスポラス橋の建設に日本企業が貢献《こうけん》したことなどによって、トルコ人は日本人への親近感をもっているのです。

トルコは、北は黒海《こっかい》、西はエーゲ海、南は地中海《ちちゅうかい》に囲まれ、シリア、イラク、イラン、アルメニア、ジョージア、ギリシア、ブルガリアなどと国境を接しています。トルコの

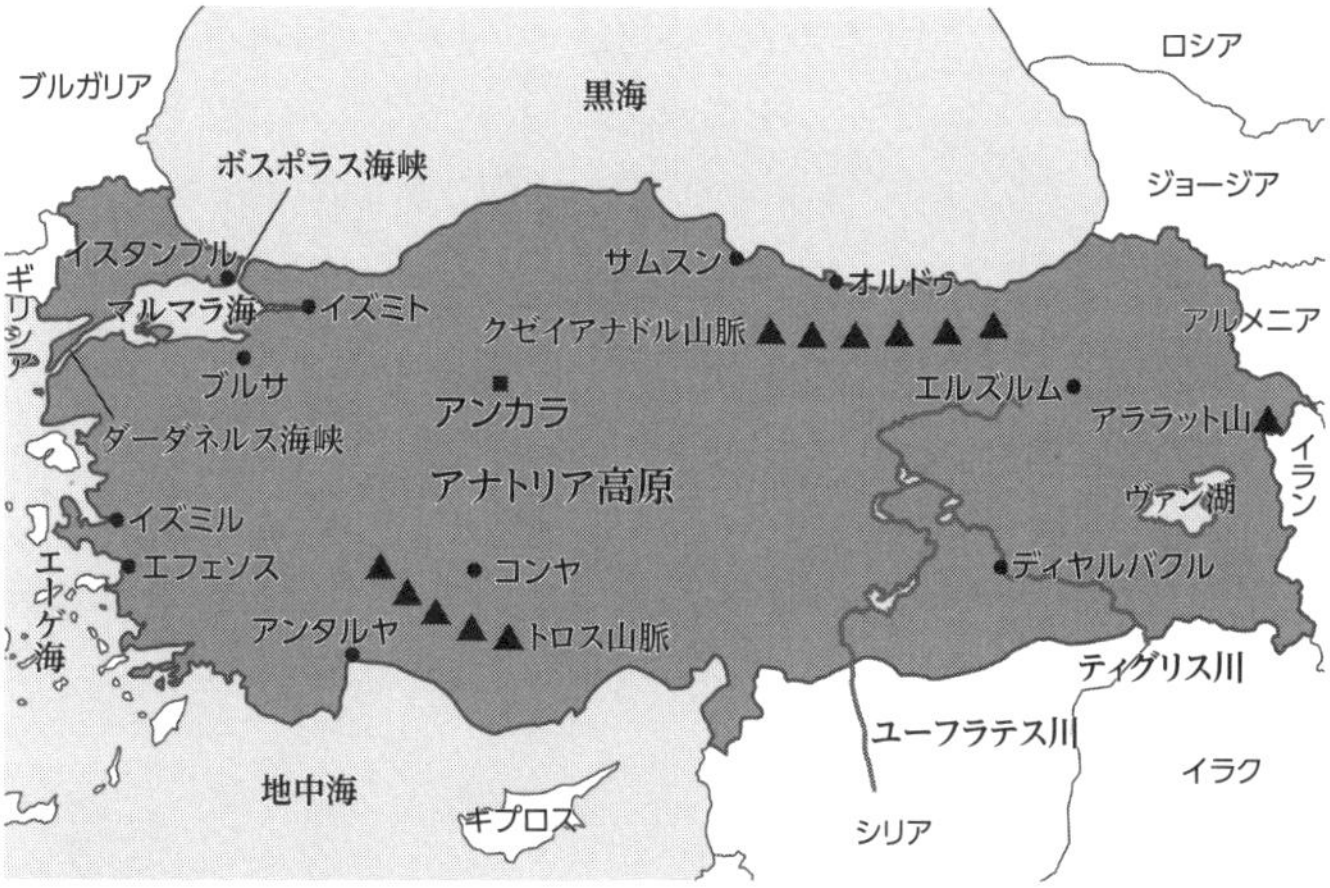

■ 首都
● 主要都市ほか

総面積：約78万576㎢
総人口：約8361万人
アンカラの人口：約550万人
イスタンブルの人口：約1500万人

※外務省ホームページの情報、トルコ共和国大統領府投資局のサイトほか参照

位置する地域はアナトリアといい、海に面した地域には平野もありますが、全体には高原です。降水量は少なく農業には適しておらず、ヒツジやヤギなどの牧畜《ぼくちく》が行《おこな》われています。とくに東部には5000メートルを超《こ》える山岳もあり、ティグリス川やユーフラテス川の源流があります。また、面積はほぼ日本の2倍で、地中海性の気候で夏は乾燥《かんそう》して暑く、冬は温暖です。

トルコにはトルコ人以外に、ギリシア人やクルド人、アルメニア人なども居住しています。ですが、トルコ人はもともとこの地域に住んでいませんでした。彼らの祖先《そせん》はアナトリアからはるか東方、中国の北方モンゴル高原の住民だったのです。

この本ではオスマン帝国以前のトルコ、オスマン帝国、そして現在のトルコ共和国の歴史について書いていきますが、この国の歴史も他の国々と同じく、周辺地域とさまざまな関係をもちながら展開してきています。

そのため、まずはトルコ以前のアナトリアの歴史や、トルコ人が小アジアに移動してくるに至《いた》った過程なども含《ふく》めて、トルコという国の変遷《へんせん》をひもといていきます。

まずはトルコ人がやってくる前のアナトリアから、歴史をたどっていきましょう。

chapter 1

トルコ誕生以前

リディア王国の金属貨幣

紀元前20世紀のはじめ、アナトリアに移動してきたヒッタイト人によって、紀元前17世紀ごろにヒッタイトという強力な王朝が成立しました。アナトリアは、小アジアともいい、西アジアの西部に位置しており、黒海、エーゲ海、地中海に囲まれた半島です。ヒッタイトは紀元前16世紀ごろからシリア地方にも進出し、エジプトなどと争《あらそ》いました。紀元前14世紀ごろには最盛期を迎《むか》えますが、紀元前12世紀ごろに周辺を荒《あ》らしまわっていた「海の民」の攻撃によって衰退《すいたい》します。

紀元前8世紀ごろになると、メソポタミアからやってきたアッシリアによって、ヒッタイトは完全に滅《ほろ》ぼされました。そのアッシリアも紀元前7世紀に滅亡《めつぼう》し、新バビロニアなどの4つの国が対立する時代が始まります。アナトリアにはリディア王国が成立し、経済的にも繁栄《はんえい》して、史上初の金属貨幣《かへい》の鋳造《ちゆうぞう》が行われました。

紀元前6世紀の中ごろ、イランにアケメネス朝ペルシアがおこり、アナトリアからエジプト、シリア、メソポタミアなどを含めた地域（オリエント）を統一します。都《みやこ》のスーサからリディア王国の都のサルディスまで、「王の道」といわれる道路が整備されました。

アケメネス朝は紀元前5世紀のはじめ、かつてのリディア王国のあったアナトリア半島の西部、ギリシア人の多く住んだイオニア植民市を支配します。イオニア植民市がアケメネス朝に対して起こした反乱を、ギリシア本土のポリスが支援したため、ペルシア戦争が起こりました。

ギリシア北部のマケドニアに生まれたアレクサンドロス大王は、紀元前4世紀後半、エジプトの占領《せんりょう》に続き、アケメネス朝を破《やぶ》り、バルカン半島から中央アジアまでの広大な領土を支配しました。

東ローマ帝国とササン朝

アレクサンドロス大王の後継《こうけい》王朝のひとつであるセレウ

そのころ、日本では？

紀元前4世紀の日本は縄文《じょうもん》時代から弥生《やよい》時代への転換期《てんかんき》にあたります。大陸から伝わった稲作が全国に広まり、従来《じゅうらい》の狩猟《しゅりょう》や採取《さいしゅ》から稲作を中心とする生活に変わっていきました。ただし、北海道や東北地方北部には稲作は伝わらず、引き続き縄文時代が続きました。

コス朝は、イランからシリア、アナトリアまでを支配しました。もうひとつの後継王朝プトレマイオス朝はエジプトを支配します。

紀元前2世紀から2世紀にかけて、ローマがこれらの王朝を滅ぼし、地中海を中心に大きな領土を手にしましたが、東方では、当時イランで勢力をもっていたパルティアと対立しました。4世紀末にローマ帝国が東西に分裂します。東ローマ帝国がアナトリアを支配し、3世紀からイラン高原で繁栄していたササン朝と対立を続けました。

東ローマ帝国とササン朝の対立は、アナトリアからイランを通る交易ルートを低迷させ、黒海から南ロシアを経由して中央アジアに向かうルートや、紅海《こうかい》からインド洋に出るルートを発展させます。

トルコ人の故郷はモンゴル高原？

現在、トルコ系民族はアナトリアから中央アジアさらに北アジアにかけて広い地域に分布《ぶんぷ》しています。その祖先は、モンゴル高原のバイカル湖の南方からアルタイ山脈の間で遊牧生活をしていました。

日本人は「トルコ」と発音しますが、正確には「トゥルク」や「テュルク」です。中国人はその発音を漢字に当てはめ、丁令、丁霊、丁零などと表記しました。中国の記録には、紀元前3世紀ごろ、モンゴル系の遊牧民である匈奴《きょうど》がはじめてモンゴル高原を統一したとき、丁令も匈奴の支配を受けた、と残されています。

丁令に始まるトルコ人の歴史は、はっきり解明されているわけではありませんが、1世紀ごろ、匈奴が分裂した際の混乱を逃《のが》れ、支配下にあったさまざまな民族とともに、トルコ人たちも各地に動いたと考えられています。

シルクロードを中心に

紀元前2世紀ごろから、中央アジアを中心に、西方のイランや地中海世界と東方の中国を結んだ交易ルートを「シルクロード（絹《きぬ》の道）」といいます。中央アジアのルートの途中《とちゅう》には「オアシス都市」が点在し、そこに住む人々はキャラバン（隊商《たいしょう》）の往来《おうらい》を支援《しえん》したり、交易に参加したりしました。オアシス都市では、湧《わ》き出す水や、水路を掘《ほ》って得た地下水を利用して、農業や牧畜《ぼくちく》が行われていました。

絹の道

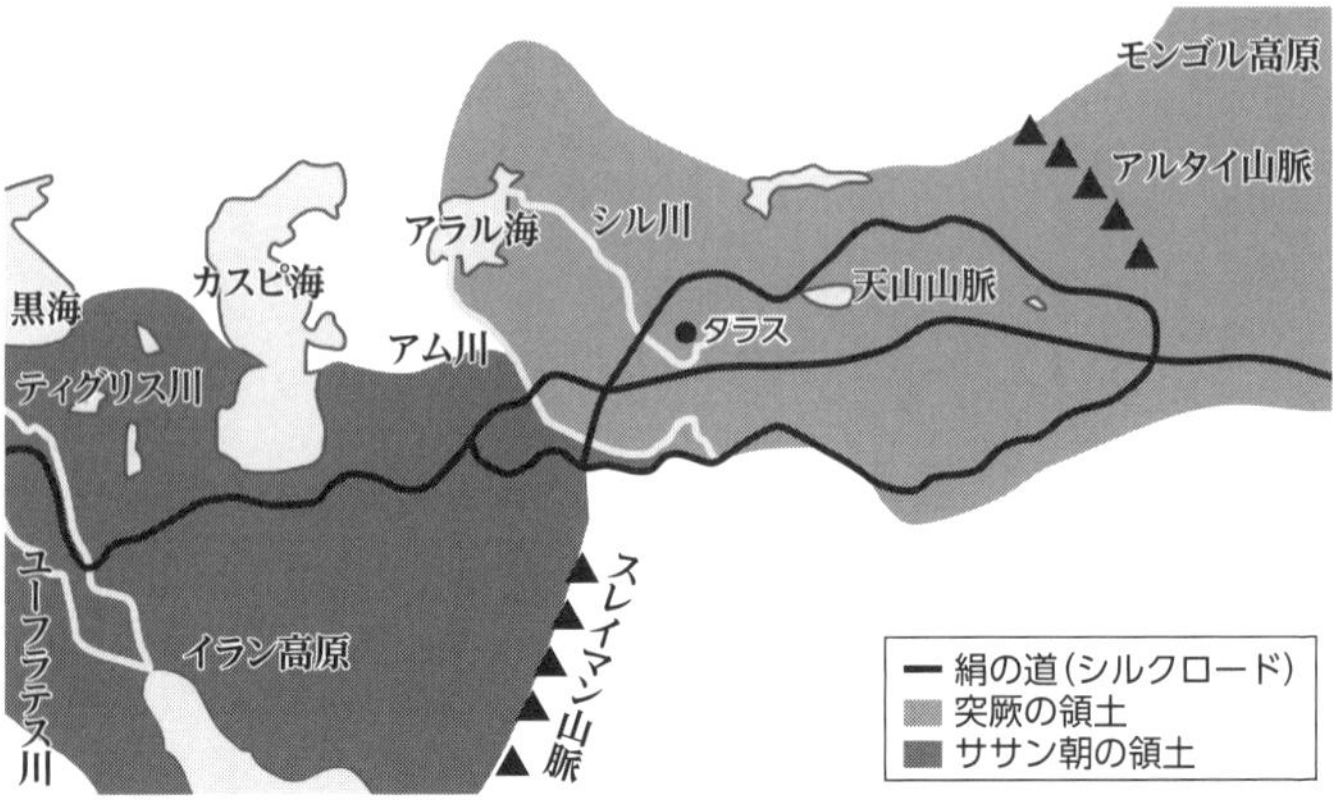

６世紀半ばになると、モンゴル高原で突厥《とっけつ》が建国されました。トルコ系民族最初の大帝国です。トルコ系民族は中央アジア方面にも広く分布し、同じトルコ系を表す「鉄勒《てつろく》」という言葉は、突厥以外のトルコ系民族をまとめていう際に使われます。

６１８年には、中国では唐《とう》帝国が成立します。唐は中央アジア方面へ進出し、モンゴル高原の遊牧民や中央アジアのオアシス都市と対立しました。

突厥はシルクロードの北部、天山《てんざん》山脈の北方を支配下に入れ、さらに、オアシス都市の商人たちとも手を結び、東西交渉で大きな利益を上げていました。しかし、イランのササン朝との関係は友好的ではなく、黒海経由で東ローマ帝国との通商関係を築きました。

突厥は200年あまり繁栄したのち、8世紀中ごろ、同じトルコ系のウイグル（回紇、回鶻などと表記）によって滅ぼされます。ウイグルは唐で起きた安史《あんし》の乱に介入《かいにゅう》し、唐を助けました。

しかし、内部の対立で東と西に分裂し、さらに同じトルコ系のキルギス（結骨）に圧《あっ》迫《ぱく》されます。9世紀の半ば、多くのウイグルが移動せざるを得なくなり、南方（現在の新疆《しんきょう》ウイグル自治区）に移ったウイグルは、オアシス都市に住み着きました。

8世紀になると、イスラム教を信仰《しんこう》する集団が、中央アジアにまで進出します。751年のタラスの戦いはイスラム勢力と唐との戦いになり、そこで東進は止まりました。

ちなみに、トルコ人は突厥の時代から文字をもっています。9～10世紀ごろにはイスラム教を信仰するようになりました。イスラム教の聖典《せいてん》である『コーラン』は、アラブ人の言葉であるアラビア語で書かれており、これを読むにはアラビア語が読める必要がありました。このため、トルコ人もアラビア文字を使うようになります。トルコ人は20世紀までアラビア文字でトルコ語を表記しました。

イスラム教ってどんな宗教？

7世紀はじめ、ムハンマドがイスラム教を始めます。ムハンマドはメッカの商人で、アラブ人でした。その教えはイラン人にもトルコ人にも受け入れられます。

イスラム教のめざすものは「宗教国家」の建設です。この宗教国家は、アラー（他とは比較できない唯一《ゆいいつ》の神という意味）だけを信仰するイスラム教徒（ムスリム）によるウンマ（イスラム共同体）のことです。このウンマを妨害《ぼうがい》する人々との戦いが、ジハードです。

ムハンマドが伝える神の言葉は『コーラン』にまとめられ、その言葉を時代にふさわしいものに解釈《かいしゃく》したり研究したりする人々は、ウラマー（法学者であり神学者でもある者）と呼ばれ、大きな権威《けんい》をもちます。

イスラム教の最高指導者は「カリフ（ハリーファ）」といいます。ムハンマドが亡《な》くなったあと、ウンマの指導者として有力者たちによって選ばれました。カリフとは、アラーの使徒《しと》（ムハンマドのこと）の「代理人・後継者」を意味します。しかし、9～10

世紀になるとカリフの権威が低下し、各地に有力者「アミール」が現れました。

さらに11世紀になって、弱体化したカリフを擁護《ようご》する者「スルタン」が出てきます。これは「神に由来《ゆらい》する権威」の意味で、具体的には、世俗的《せぞくてき》な権力を行使《こうし》する王です。

ここで、イスラム世界でしばしば問題になるスンナ派とシーア派のことを紹介しておきます。簡単にいうと、シーア派は第4代カリフであるアリーの血縁者をイスラム世界の指導者とする人々のことです。

イスラム教の権威構造

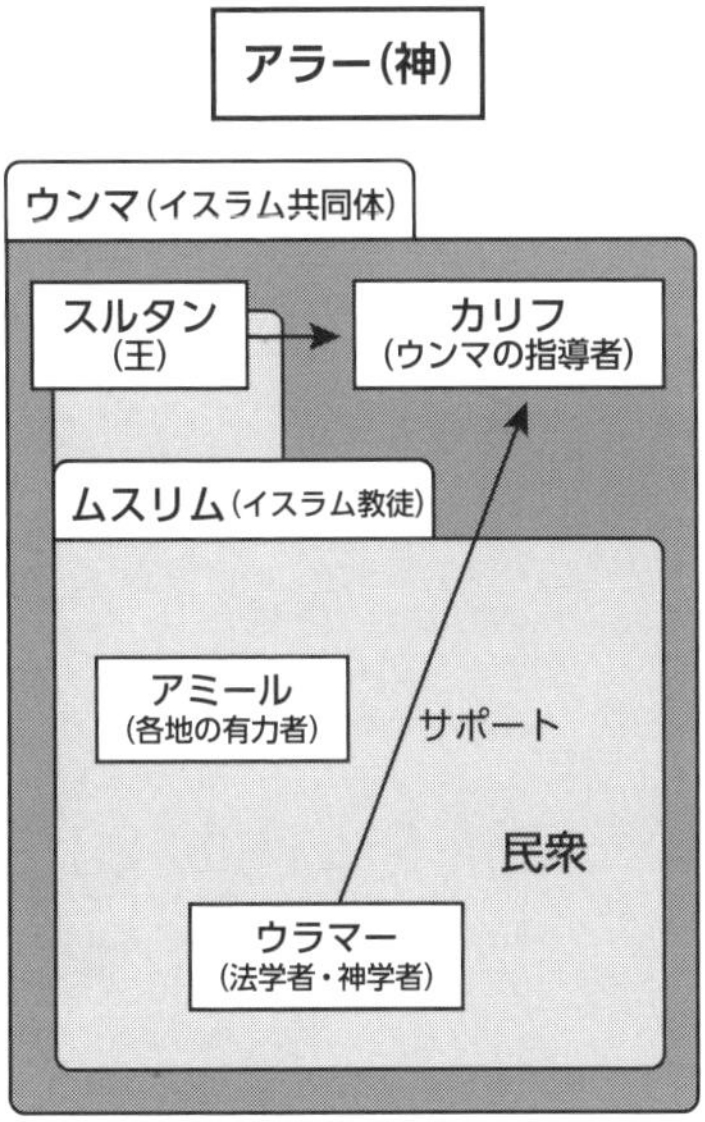

一方のスンナ派は、ムハンマドの残した言葉（スンナ）を尊重しました。多数を占めるスンナ派が正統とされ、ウマイヤ朝とアッバース朝のカリフを認めます。少数派のシーア派とはしばしば対立しながら現在に至っています。

トルコ人にとってのイスラム教

トルコ人は遊牧民ですが、西方への移動の過程で、オアシス都市などの住民との交流を深めます。草原での単調な生活に対し、都市生活の豊かさを実感しはじめていました。信仰についても、変化が現れます。トルコ人の伝統であるシャーマニズム（祈禱《きとう》やまじないで現実を超えた世界に入っていく原始的な宗教）の考え方から、それに似た部分のあるゾロアスター教や仏教などを信仰する者も出てきて、高度な文明へのあこがれを強くしていったと考えられます。

そんなときにトルコ人もイスラム教を知ったのです。イスラム教の教義は明快《めいかい》で、キリスト教のような論争や対立はありません。しかし一方で、人間の心（精神）を重視し、神と直接ふれあえる境地を求める人々が出てきます。このような傾向《けいこう》をスーフィズム（イスラム神秘主義）といいます。

もともとシャーマニズムを信仰していたトルコ人には受け入れやすく、トルコ人のイスラムへの改宗《かいしゅう》が進んだのはスーフィズムのためともいわれます。

適職は奴隷兵士！

ウンマを維持《いじ》するためには、敵対勢力との戦いが避《さ》けられませんでした。そのためアラブ人には、戦争のための兵士が必要になります。当時のアラブ人社会における有力者とは、自分の命令を聞く兵士をたくさん抱《かか》えている者のことです。

有力者たちは、血縁のない者を血縁者としてあつかったり、戦争で捕虜《ほりょ》にした奴隷《どれい》を兵士として使ったりしました。さらに兵士が必要になると、イスラム世界以外の場所で奴隷を購入《こうにゅう》するようになります。

このとき売買された兵士は奴隷兵士（マムルク）と呼ばれます。主人の命令は絶対に守らなければなりませんが、同時に奴隷でも自分の実力で出世できました。遊牧生活をしていたトルコ人にとって、出世できる社会は魅力的なものになったのです。

「トルキスタン」はどこにある？

7世紀の中ごろにササン朝が滅亡すると、イラン人が中央アジアで小王朝を建設します。そのような王朝のひとつ、サーマン朝に仕えた奴隷兵士のアルプテギンが、962年にアフガニスタンで自立し、ガズナ朝を建国しました。アルプテギンはインドに侵入してヒンドゥー寺院を破壊し、多くの富を得ます。これはイスラム教側から見て英雄的行為であり、ガズナ朝の権威は高まりました。

ガズナ朝が強大化したころ、サーマン朝の東方でトルコ人が新しくカラ＝ハン朝を成立させました。カラ＝ハン朝はウイグルの滅亡後に王朝を建て、中央アジアで支配を拡《かく》大《だい》します。

そしてサーマン朝を滅ぼし、西部中央アジアにも進出したため、その地方にもトルコ人が多く居住するようになります。以降、アム川やシル川の上流域が「トルキスタン（トルコ人の土地）」と呼ばれるようになります。また、カラ＝ハン朝時代には、多くのトルコ人がイスラム教へ改宗しました。

10世紀ごろの中央アジア

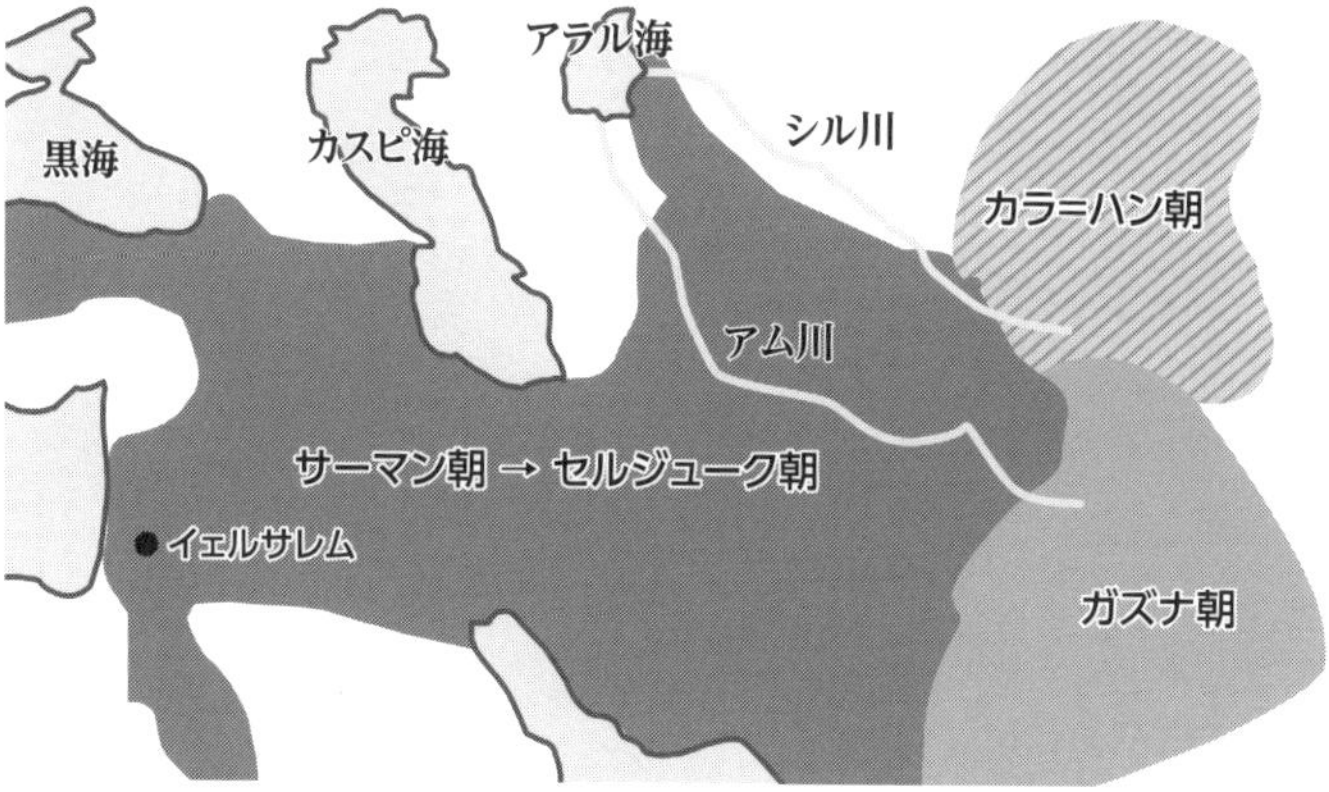

ガズナ朝に協力しながら勢力を伸ばしていたのが同じトルコ系のセルジューク族です。彼らはガズナ朝を破り、イラン北東部で勢力を大きくしていきます。

カリフとスルタン

ガズナ朝建国と同じ時代、イランとイラクではイラン系のブワイフ朝が強大化していました。この王朝を建てたのはイラン系のダイラム人で、トルコ人とならんで勇敢《ゆうかん》さを買われ、奴隷兵士としての評判も高い民族でした。

ウマイヤ朝にかわって、8世紀半ばからイスラム世界の中心として君臨《くんりん》していたアッバース朝の権威は大きく、少数派のシーア派を信仰しているブワイフ朝は、アッバース朝を滅ぼすことはできませんでした。

アッバース家のカリフもブワイフ朝の族長に大総督《だいそうとく》（アミール＝アルウマラー）の称号をあたえて共存をはかります。この結果、イスラム教の世界は、宗教的権威としてのカリフと、現実社会における力をもつ大総督（のちにはスルタン）がそれぞれ存在する体制となりました。

イスラム教を信仰する人々の集団ができて以来、土地は集団の財産で、税は役人が徴収《ちょうしゅう》していました。しかし、しだいに私有地が増えて税が集まらなくなったため、兵士への給料がまかなえなくなり、現実的な方法が考えられます。

10世紀中ごろには、ブワイフ朝でイクター制が始まります。イクターとは王朝（政府）からあたえられる土地での「徴税権《ちょうぜいけん》」のことで、それを得た兵士の収入は安定し、主

そのころ、日本では？

941（天慶《てんぎょう》4）年、海賊《かいぞく》を率いて瀬戸内海沿岸を荒らし回っていた藤原純友《ふじわらのすみとも》が朝廷軍に捕《と》らえられます。純友は朝廷の地方役人でしたが、みずから海賊の頭目となり、反旗《はんき》をひるがえしたのです。この反乱は源経基《みなもとのつねもと》らに鎮圧《ちんあつ》され、経基の血脈を継《つ》ぐ清和源氏《せいわげんじ》が台頭《たいとう》する契機《けいき》となりました。

君に忠誠《ちゅうせい》を誓《ちか》いました。これが以後のイスラム王朝に継承《けいしょう》されていきます。

ファーティマ朝の成立

アッバース朝が弱体化しているとき、909年にチュニジアでファーティマ朝が成立しました。969年にはカイロを建設し、エジプトに移ります。ファーティマ朝はブワイフ朝と同じくシーア派を自国の宗教に採用していますが、みずから「カリフ」を宣言し、アッバース朝の権威を一切認めませんでした。

ファーティマ朝は、シリアからエジプトを版図《はんと》にして地中海から紅海、インド洋へのルートを支配しました。経済的にも繁栄し、11世紀のはじめに全盛期を迎えます。ところがイラン北東部（ホラズム地方）で1038年、セルジューク朝が成立すると、ファーティマ朝は、セルジューク朝に圧迫されはじめ、また、11世紀末からは十字軍にシリアやパレスチナを奪われ、エジプトを支配するだけになります。

そのころになると、宮廷内部での軍閥《ぐんばつ》の対立などもあって、体制そのものがゆらぎます。1169年、サラーフ＝アッディーン（サラディン）がアイユーブ朝を建て、ファーティマ朝は滅亡しました。

セルジューク朝の登場

6世紀ごろから存在していたとされるトルコ系遊牧民のひとつ、オグズ族は、突厥の崩壊《ほうかい》とともに西方に移動し、アラル海北方に居住していました。そこから南下してアム川とシル川の上流域にあるトルキスタンとの交流をもち、イスラム教への改宗が進みます。オグズ族はさらに細かく20あまりに分かれており、そのなかでもクヌク氏族からセルジューク朝の王統が出たとされています。他のオグズ族はセルジューク朝の軍隊に組み入れられ、西方進出のための部隊になりました。

セルジューク朝の政治組織や軍隊は、自由なトルコ人によって構成された、トルコ人による本格的な政権といえます。正統派のスンナ派を信仰したため、イスラム世界ではトルコ人が平等に活動できるようになりました。

また、現在のイラン西部からイラクにかけては、ブワイフ朝の有力者たちが争っている状態でしたが、セルジューク朝の軍隊はそれらを破り、1055年にバグダードに入場しました。これはシーア派の信仰と妥協《だきょう》していたアッバース朝のカリフにとって、スンナ派の信仰がもどったことになり、喜ばしいことでした。このため、カリフはセルジューク朝の支配者に「スルタン」の称号をあたえます。のちにスルタンはイスラム世界の支配者の称号として一般化していきました。

さらに、セルジューク朝は、エジプトを拠点にするファーティマ朝とも戦い、シリアなどを併合《へいごう》しました。その後アナトリアに向かい、1071年にマンジケルト（マラーズギルド）の戦いで東ローマ帝国に勝利すると、アナトリアを支配下に置きました。

こうしてトルコ人がアナトリアの中心になりますが、今度は一族の間でスルタンの位をめぐる争いが起こって政治は混乱し、地方ではセルジューク族の有力者が対立して分裂状態に陥《おちい》ってしまいました。

ひみつコラム

トルコの世界遺産

神話にも登場する遺跡の秘密

現在のトルコの国土は、長い歴史のなかでさまざまな民族が行きかい、興亡《こうぼう》をくり広げてきました。そのため、数多くの遺跡や建物があり、ユネスコの世界遺産に登録されているものも多くあります。

まずトロイ遺跡を紹介します。ギリシア神話にあるトロイア戦争の際、ギリシア軍がトロイの町を攻めると、膠着《こうちゃく》状態になりました。そこでギリシア軍は巨大な木馬を作って兵を内側に潜《ひそ》ませます。木馬を降伏《こうふく》の証《あかし》だと思ったトロイの人々は木馬を町に運び入れますが、その晩、木馬から出てきたギリシア兵がトロイを陥落《かんらく》させたのです。

この神話を信じたドイツの実業家ハインリッヒ＝シュリーマンが、1870年から3年を費やして、トロイに伝わる宝飾品（プリアモスの宝）を掘《ほ》りあてました。

アナトリア高原中部にあるカッパドキアでは、南北約50キロの乾燥した地域のあちこ

カッパドキア

トロイの木馬

ちに、キノコのようなめずらしい形の岩石が点在する不思議な風景がみられます。

ギョレメという地区には、この大きな石を掘って人々が住めるようにした岩窟《がんくつ》住居区の遺跡があります。4世紀から11世紀にかけてこの地域に住んだキリスト教徒がつくった洞《どう》窟《くつ》住居や教会、修道院です。

首都のアンカラから約150キロメートル東方にあるハットゥシャは、紀元前17世紀ごろに成立したヒッタイト王国の遺跡です。

全長6キロメートルの城壁《じょうへき》に囲まれ、巨大な石でつくられた大神殿や城門の跡《あと》を散策できます。強力な馬と戦車を擁《よう》し、世界ではじめて鉄器を使ったとされる軍事大国の面影《おもかげ》をたどることができます。

知れば知るほどおもしろいトルコの偉人❶

「王国の秩序」と呼ばれた宰相

ニザーム＝アルムルク

Nizam al-Mulk

（1018～1092）

中世イスラムの政治、学問、宗教の発展に貢献《こうけん》

ニザーム＝アルムルクは本名をアブー＝アリ＝ハサンといいます。若いころはアフガニスタンのガズナ朝に仕え、のちにセルジューク朝に仕えました。

セルジューク朝のスルタン、アルプ＝アルスラーンにとり立てられて宰相となり、政治や軍事の改革にとり組みます。行政組織を改革し、軍隊を編成して遠征を行い、領土を拡大しました。次のスルタン、マリク＝シャーにも仕え、その功績から「王国の秩序《ちつじょ》」という意味のニザーム＝アルムルクという称号をあたえられます。

また、彼はマリク＝シャーや大臣たちに向けて、効果的な統治について論じた『統治の書』を記しました。さらに、スンニ派イスラム復興《ふっこう》のための学問所としてニザーミーヤ学院と呼ばれる学校を国の各地に建設します。1092年にイスファハンからバグダードに向かう途中で、暗殺教団に殺害《さつがい》されました。

chapter 2

オスマン帝国の成立

13世紀ごろのアナトリア半島

アナトリア半島では、11世紀に本格的に進出してきたセルジューク朝のなかの一勢力だったルーム＝セルジューク朝の支配が続くなか、西方からは聖地回復をめざして十字軍がやってきました。

12世紀後半になると東ローマ帝国の権威は大きく低下し、ルーム＝セルジューク朝の権勢も低迷《ていめい》します。そのころアナトリア各地では、ルーム＝セルジュークの有力者（ベイ）たちが小さな侯国《こうこく》を建てていました。

そして13世紀、西アジア各地にモンゴル人が襲来します。それを逃れたトルコ人が、アナトリア半島に流れ込んできたため、この地でトルコ人が増加するきっかけにもなりました。トルコ人の多くは遊牧生活をやめて都市で定住生活をするようになり、さらにイスラム教への改宗も進むと、アナトリアにはトルコ人イスラム教徒が増えていきます。

11世紀中ごろ以降、アッバース朝を保護してきていたセルジューク朝も、スルタンの地位をめぐる内部の対立で弱体化していました。

13世紀末のイスラム教国家

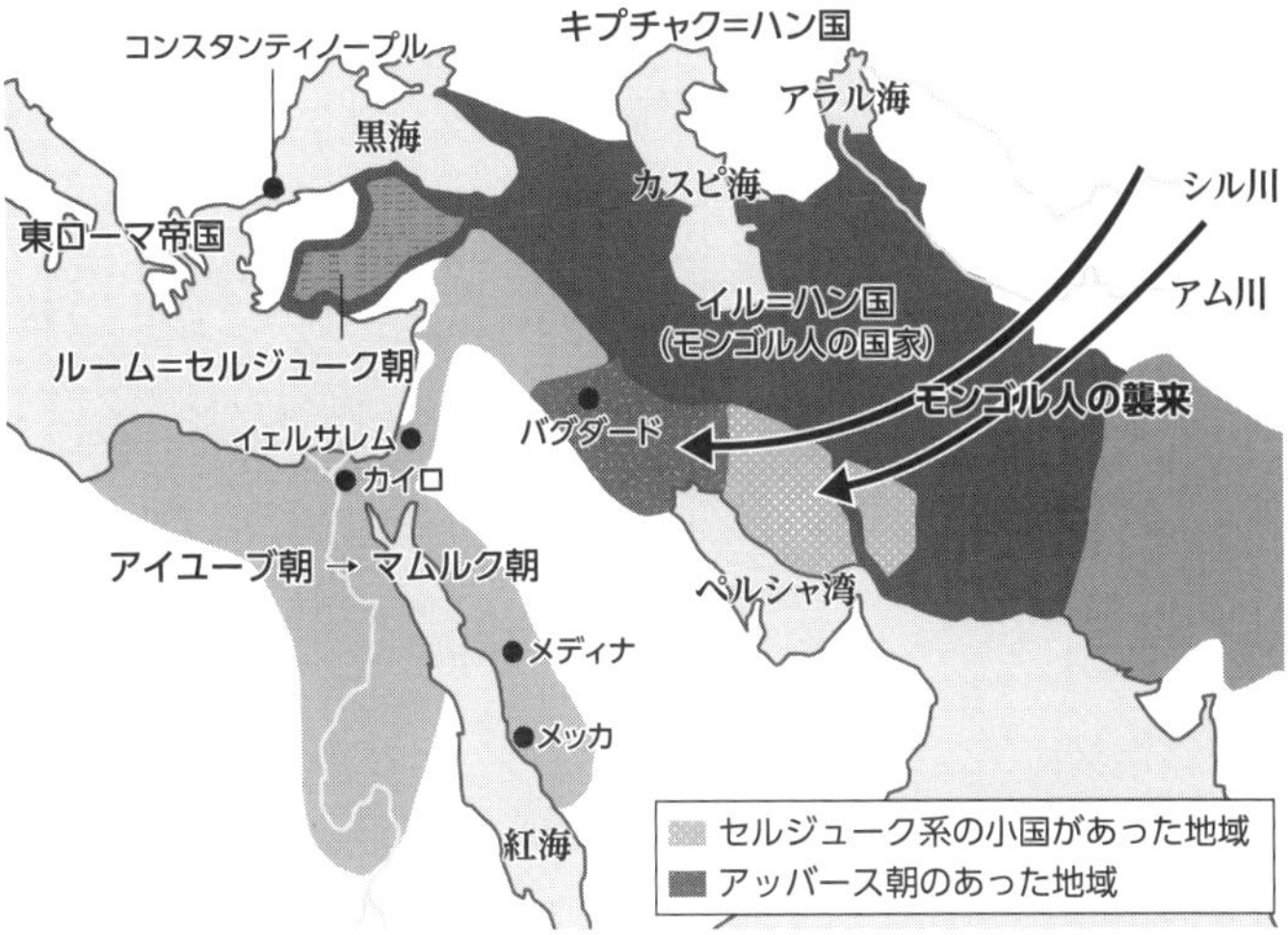

エジプトでは、アイユーブ朝が建国者サラディンの死後、軍事力を強化して体制を立て直そうとマムルク（トルコ奴隷）を購入していました。ところが、1250年にマムルクたちがクーデターを起こします。そしてアイユーブ朝が打倒され、新しくマムルク朝が成立しました。

このマムルク朝に、モンゴルによってバグダードを追われたアッバース家が亡命してきて、カイロで辛《かろ》うじてカリフの位だけは維持しつづけました。

しかし、異教徒のモンゴルが1258年、バグダードを占領し、アッバース朝を完全に滅ぼしたため、カリフの権威は完全に消滅しました。このように12～13世紀の西アジア世界では、大きな混乱が続いていたのです。

建国者オスマン

13世紀の後半、アナトリア半島では、ベイによって建てられた侯国が分立していました。そのひとつがオスマン侯国です。アナトリア半島北西部にある他の侯国に比べても、小さな国でした。

アナトリア北西部は当時、東ローマ帝国とイスラム勢力の境目でした。東ローマ帝国は衰《おとろ》えており、辺境を守り切る力はありません。一方のイスラム側も対立している中小勢力をまとめられる力をもった勢力が出てこないだけでなく、モンゴルの侵入もあり、混乱をくり返します。

そんななか、オスマンという名前の有力者が登場しました。彼を指導者とする集団は、1299年にコンスタンティノープル（コンスタンティノポリス）の対岸に侯国を建設します。1302年にははじめて東ローマ帝国と戦って勝利し、オスマンの集団には一獲千金《いっかくせんきん》を狙《ねら》う者も含め多くの人々が集まりました。

初期のオスマン集団は、言語や名前の特色などから、トルコ人が多かったことは事実のようです。この集団に加わった者は、季節によって移動する遊牧生活をしなくなり、新しい価値観が受け入れられるようになりました。そのひとつが、自分たちがガージー（信仰戦士）であるという考えです。

ガージーの名の下に

ガージーとは、イスラム教徒の住む辺境地帯で異教徒と戦うイスラムの兵士たちのことです。しかし実際は、信仰のためというより、略奪や戦闘を生きがいにしており、その行為を正当化するため攻撃する相手を「不信仰者」とし、自分たちを信仰をもったガージーとしたのです。

当時のアナトリアの人々は、イスラム教の中心地カイロ（エジプト）からも、キリスト教の中心地コンスタンティノープルからも近いものの、それぞれの宗教をどれだけまじめに信仰しているのかがわかりませんでした。

ガージーと同じように、キリスト教徒の集団のなかにも略奪を生業《なりわい》とする者がいました。オスマンはキリスト教勢力を襲《おそ》う際、そのような者たちも利用していたのです。

その活動を見て、ガージーの数はどんどん増えていきました。オスマンは征服活動を行った彼らに、恩賞《おんしょう》として土地をあたえます。ガージーの数が増えると、より多くの土地が必要になり、新しい征服活動が不可欠になりました。それをくり返しながら支配領域を拡大していったのです。

オルハンの実力

オスマンのあとを継いだオルハンは、東ローマ帝国との戦いを本格化させます。１３２６年にアナトリアでの東ローマ帝国の重要な拠点だったブルサを占領し、そこで国家体制を整備していきます。オルハンは戦いを続け、ニカエア、ニコメディアを制圧し、

14世紀ごろのオスマン帝国の領土

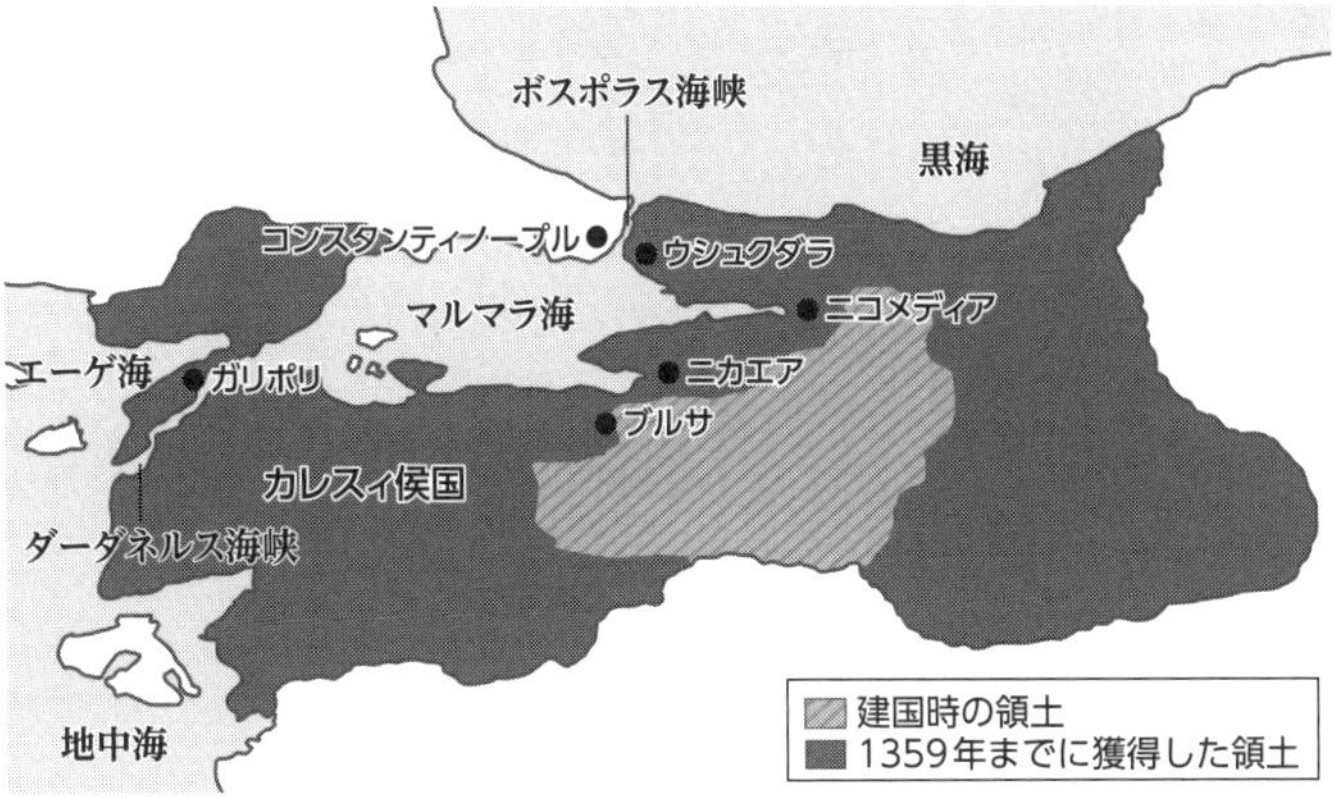

さらに続いて1338年には、ボスポラス海《かい》峡《きょう》を挟んでコンスタンティノープルの対岸にある都市、ウシュクダラを占領しました。

オルハンは、当時東ローマ帝国で起こっていた皇帝の座を争う対立で皇族のヨハネスに支援を要請《ようせい》されます。その見返りに東ローマ帝国の皇帝の娘《むすめ》と結婚し、東ローマ帝国との姻戚《いんせき》関係をつくりました。東ローマ帝国は体制の維持のため、このような結婚政策を行っていました。

オルハンはアナトリアでも領土を広げています。ダーダネルス海峡に面するカレスィ侯国を併合しました。

14世紀中ごろからはバルカン半島にも進出します。バルカン半島とは、ドナウ川の中流、下流付近、中流でドナウ川に流れ込む支流のサヴァ川から南を指します。アドリア海に沿う形で南北に延《の》びる山脈と、東部で東西に走る山脈があり、その間には平野が開け、そこを流れる河川を通って人々は海に出ていきました。

さらに1354年には、オスマン侯国がダーダネルス海峡の対岸に位置するガリポリを占領し、ダーダネルス海峡を支配下に入れました。

まだ十分な力をもっていなかったオルハンは、東地中海で強勢を誇《ほこ》っていたヴェネツィアに対抗するため、そのライバルのジェノヴァと協力しました。キリスト教勢力とイスラム勢力は宗教的なちがいを越《こ》えて、政治的に協力することも多かったのです。

初代オスマンも2代目のオルハンも、決してアナトリア半島を無視《むし》していたわけではありません。しかし、アナトリア半島にはトルコ人が多く、彼らとの対立はオスマン侯国にとって好ましいものではありませんでした。いくつかの小国とは併合したり、同盟関係を結んだりして、東部の大きな侯国とは友好関係を築きました。アナトリアで戦い続けるよりもバルカン半島で勢力を拡大するというオルハンの作戦は成功して、オスマン侯国は、「帝国」となっていくのです。

争いの中心地、バルカン半島

オスマン帝国は、のちにヨーロッパ、アジア、アフリカの3つの大陸にまたがって領土をもちます。その足がかりとなったのはバルカン半島でした。

多くの民族がバルカン半島に移動し、定住するものも多く、この地域の民族構成は複雑でした。人々の生活形態も多様で、平野部には農耕民、山地と平野の間を行き来する遊牧民のほか、山地に拠点を置く逃亡民や山賊《さんぞく》なども居住し、彼らの動きも歴史に影響をあたえます。

東ローマ帝国の権威は大きく低下しており、バルカン半島では中小の侯国が群立していました。12世紀以来、セルビアとブルガリアが支配から解放され、14世紀中ごろにセルビアの国王ステファン＝ドゥシャンがブルガリアやアルバニア、マケドニアなどに勢力を拡大します。さらにドゥシャンは、東ローマ帝国そのものを狙うようになっていきます。

しかし、ドゥシャンの突然の死によりセルビアは弱体化しました。こうして、バルカン半島は分裂状態となります。

ムラト1世のバルカン進出

1359年（もしくは1362年ごろ）のオルハンの死後、ふたりの息子ハリルとムラトの間でスルタンの継承をめぐり対立があったと考えられますが、詳しいことはわかりません。

1362年、ムラト1世が即位すると、アナトリア半島のトルコ系の侯国と和平策をとります。対立を極力避け、安心できる体制をつくったうえで、バルカン半島へ積極的に進出しました。

そして1363年ごろ、バルカン半島の要衝《ようしょう》のひとつ、エディルネを占領しました。この地はのちに、アナトリアのブルサと並ぶオスマン第二の政治都市になります。1387年にはエーゲ海北岸のサロニカ（テッサロニケ）を占領し、コンスタンティノープルを包囲する体制をつくり上げました。

オスマンのバルカン半島進出を喜ばないヴェネツィアや教皇は、アナトリアのカラマン侯国などの反オスマン勢力に呼びかけ、オスマンと戦うよう仕向けます。

ステファン＝ドゥシャンの死で弱体化したとはいえ、セルビアは当時のバルカン半島で最強でした。このセルビアとオスマン侯国が１３８９年に争います（コソヴォの戦い）。

コソヴォの戦いは、数多くの反オスマン勢力が集まり、オスマン帝国に不利な状況で行われたのです。さらにセルビアの放った刺客《しかく》により、ムラト1世が暗殺されます。オスマン軍は動揺しますが、息子のバヤジット1世が戦いを指揮し、勝利に導きました。この結果、バルカン半島の南部がオスマン侯国の支配下となり、残ったのはハンガリーのみになります。

新しい軍

ムラト1世の時代には、国家体制が整えられはじめました。支配領域《りょういき》が拡大すると、それぞれの地域で司令官が必要となり、軍隊の統括者《とうかつしゃ》も必要になります。そのような人物を見出し、任命する業務がスルタンひとりではこなせなくなり、官僚《かんりょう》制度が整備されていきました。

かつて繁栄したアッバース朝の官僚制度を参考に、軍事や行政の長官にヴェジール（ワズィール）という「宰相」が置かれます。そのような宰相たちを束《たば》ねるのが「大宰相（サドラーザム）」で、この職に就《つ》いた人物がスルタンの最高補佐《ほさ》役になりました。

官僚制の整備とあわせて、軍制改革も行われます。

オスマンの軍団は、ガージーで組織されたものと部族単位で組織されたものにわかれており、いずれも中心は弓矢《ゆみや》と槍《やり》で武装したトルコ人でした。兵士に給料はなく、征服地での略奪が認められていました。

しかし城を攻めるとき、弓と槍を武器にした戦術では役に立ちません。また、報償《ほうしょう》を目当てに戦士が徹底的な略奪を行うことが、紛争解決のための交渉を妨《さまた》げることになっていました。

ムラト1世はこのため、まずガージーを軍団から切り離し、彼らを辺境の守備役としました。そして新しく軍をつくりました。この軍団を「イェニチェリ（新しい軍）」といいます。14世紀中ごろのイェニチェリは、戦争捕虜の一部でした。トルコ人の家にあずけられた捕虜はそこでトルコ語を習得し、さらにイスラム教徒としての生活習慣を身につけたうえで、オスマン軍団に登録されたのです。

このころ、オスマン帝国ではミッレト（同じ信仰をもった人々の集団という意味）といわれる制度が導入されます。この制度では、非イスラム教徒はジズヤ（人頭税《じんとうぜい》）を払えば、イスラム教以外の宗教の信仰が認められました。さらに、キリスト教徒が多く住む地域を支配下に入れたオスマン帝国は、反抗しないかぎりどこでもキリスト教徒による自治を認めます。

イスラム教は、他の宗教を寄せ付けないようなイメージがありますが、当時は他の宗教徒を迫害したわけではありませんでした。

スルタンの家系図①

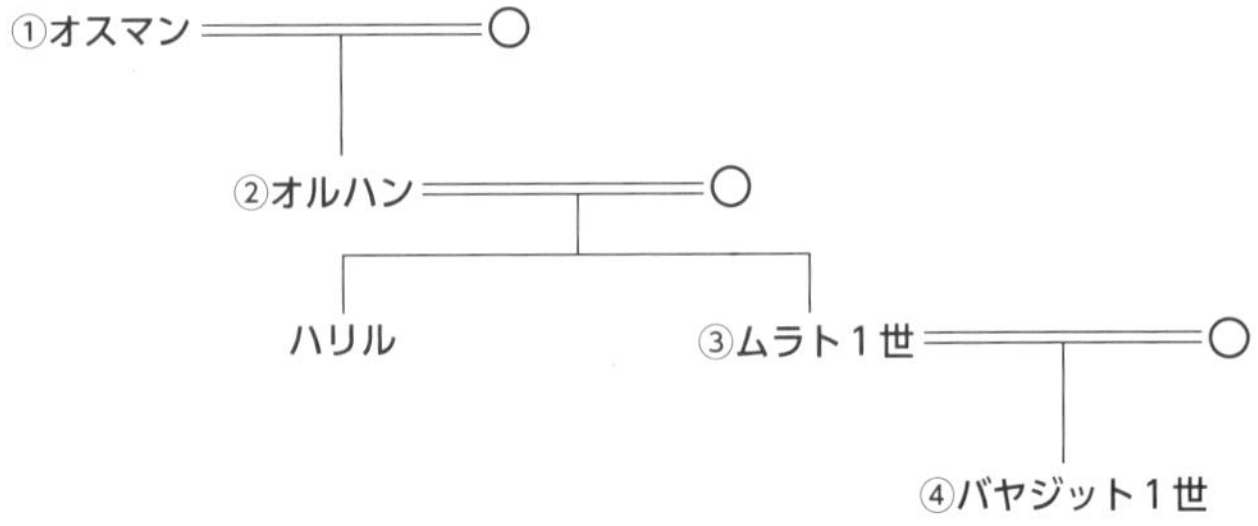

オスマン帝国、滅亡!?

ムラト1世の暗殺後に即位したバヤジット1世は、バルカン半島がオスマン侯国の領土になったことを受け、アナトリア制圧への動きを本格化させました。

バヤジット1世は、まずバルカン半島のセルビアなどの国々に忠誠《ちゅうせい》を誓《ちか》わせ、東方にも進出します。トルコ人同士の戦いになることを避けるため、このとき、整備されつつあるイェニチェリではなく、セルビアなどの兵士を使いました。

ところが、このころティムールが中央アジアで急激に力を伸ばし、アナトリアに迫《せま》ってきます。アナトリア内の反オスマン勢力は、ティムールがオスマン軍を倒すことを期待しますが、ティムールはアフガニスタン方面で苦戦していた自分の息子を支援するため、インドに向かいました。

その結果、バヤジット1世は、アナトリアで反オスマン勢力を破りました。

このような事情にも助けられ、バヤジット1世の率いるオスマン勢力は1396年、改めてバルカンに入ります。そしてドナウ川下流域のニコポリスで行われた戦いで勝利し、「帝国」としての権威を示したかに思われました。

しかし1402年、オスマン帝国はティムールとアナトリア中部のアンカラで戦って敗れます。イェニチェリはほとんど全滅したうえ、バヤジット1世も戦死しました。ティムールの捕虜となり屈辱《くつじょく》のうちに死亡したという説や、自殺したという説もあります。

こうして、オスマン帝国は一時「滅亡」状態となってしまいました。

そのころ、日本では？

1401（応永《おうえい》8）年、室町《むろまち》幕府3代将軍の足利義満《あしかがよしみつ》は中国の明《みん》王朝に使者を送り、日明貿易（勘合《かんごう》貿易）が始まります。義満は永楽帝から「日本国王」に封じられていますが、これは日本が明を宗主《そうしゅ》とする冊封《さくほう》体制に加わったことを意味し、日明貿易は朝貢《ちょうこう》貿易として行われました。

ひみつコラム

トルコのスポーツ

トルコ人が熱狂するサッカーと相撲

トルコ人にもっとも人気があるスポーツはサッカーです。2002年のサッカーワールドカップ日韓大会では、決勝トーナメントで日本を破って勝ち進み、3位でした。

プロサッカーチームは数多くありますが、トルコ1部リーグ「スュペル＝リグ」に入れるのは18クラブのみ。毎年下位3クラブが2部リーグに降格し、2部リーグの上位3クラブと入れ替わります。

イスタンブルが本拠地のガラタサライはもっとも人気のあるチームで、トルコ人の3人にひとりはファンといわれます。日本人では長友佑都《ながともゆうと》選手や、稲本潤一《いなもとじゅんいち》選手が在籍《ざいせき》していたこともあります。同じくイスタンブルを本拠地とするフェネルバフチェも人気のクラブで、ガラタサライとフェネルバフチェの「イスタンブル＝ダービー」はもっとも盛りあがる一戦です。

ヤール＝ギュレシ

サッカー

　また、トルコの伝統的なスポーツのなかでも有名なのが「ヤール＝ギュレシ」です。日本ではトルコ相撲《ずもう》とも呼ばれます。

　牛革製《ぎゅうかわせい》のズボンをはいた上半身裸の男ふたりが組みあい、相手の両肩を地面につけるか、持ちあげて3歩歩くか、ギブアップさせたら勝ちです。相撲やレスリングと似ていますが、選手が体中にオリーブオイルを塗《ぬ》っています。起源はオスマン帝国時代の14世紀にあり、ユネスコの無形文化遺産に登録されています。

　ラクダ同士を戦わせる「ラクダ相撲」も伝統的な競技です。このような伝統競技はトルコの大事な文化であるとして現在も受け継がれています。

知れば知るほどおもしろいトルコの偉人❷

とんち話で有名なトルコの一休さん

ナスレッディン＝ホジャ

Nasreddin Hoca

（1208～1284）

トルコを代表する笑い話のモチーフとなった

13世紀はじめ、ナスレッディン＝ホジャは中央アナトリア西部で生まれたといわれています。イスラム教の神学校で先生をしていました。彼は日本の一休《いつきゆう》さんのように、賢《かしこ》くてウィットに富《と》んだとんちやジョークを言う人物だったようです。そんな彼のキャラクターが伝説化し、アナトリアやバルカン半島、アラブでは多くの「ホジャの笑い話」が生まれました。

たとえば、このような話があります。ある日、モスクでホジャがアラーの尊《とうと》さを説いていると、村一番の不信心な男がやってきて言った。「先生、おれはアラーが存在すると信じられない。どうやって証明するんだ？」ホジャは言った。「わしは生まれてから70年になるが、いちども自分の思うままの夢が実現したことはない。これが証明じゃよ」「どういう意味だい？」「いつでもアラーの思われるとおりにしかならなかったということじゃよ」。

chapter 3

拡大するオスマン帝国

「空位時代」の10年

オスマン帝国を破ったティムールはアナトリアを直接支配せず、中央アジアにもどります。そして、バヤジット1世が滅ぼしたアナトリアの国々を復活《ふっかつ》させ、支配を任《まか》せました。

バヤジットの子どもたちは殺されず、次男のムスタファは中央アジアに連行されます。末子のユースフは東ローマ皇帝の保護を受け、コンスタンティノープルでキリスト教に改宗しました。残った4人の息子はスレイマン、メフメト、イーサー、ムーサーです。メフメトはバルカン半島、メフメトとイーサーはアナトリアが領有を認められ、ムーサーはメフメトの保護下に置かれました。

4人の息子たちはしだいに対立するようになり、メフメトは同じくアナトリアにいたイーサーを戦死させます。続いてメフメトはムーサーに軍隊をあたえ、スレイマンを攻撃させました。ムーサーは戦いには敗れたものの、奇策でスレイマンの殺害に成功しました。

その後メフメトは、スレイマンの軍隊を引きついで勢力を大きくしたムーサーと戦います。そして1413年、メフメトが勝利し、メフメト1世として即位しました。10年ほど続いた空位時代は終わり、オスマン帝国が復活します。

兄弟の争いはまだ続く

スルタンとなったメフメト1世は、アンカラの戦い以前の領土のほとんどを回復しました。オスマン帝国が強固な国家を再建できたのは、宰相を中心にした官僚制や、イェニチェリの軍団がメフメト1世の国家再統一への思いをよく理解して働いたことが理由だったとされています。

ところが、メフメト1世時代の末期に、兄弟争いがふたたび起こりました。ティムールに囚《とら》われ、のちに行方《ゆくえ》不明になっていたムスタファがブルサに現れたのです。これに

そのころ、日本では？

室町幕府の出先機関として関東を統治していた鎌倉府。その公方《くぼう》（長官）であった足利持氏《もちうじ》は、上杉禅秀《うえすぎぜんしゅう》が返上《へんじょう》した関東管領《かんとうかんれい》（鎌倉公方を補佐する役職）の職を上杉憲基《うえすぎのりもと》にあたえます。これに反発した禅秀は1416（応永23）年に反乱を起こしますが、幕府軍に攻められて自害《じがい》しました。

スルタンの家系図②

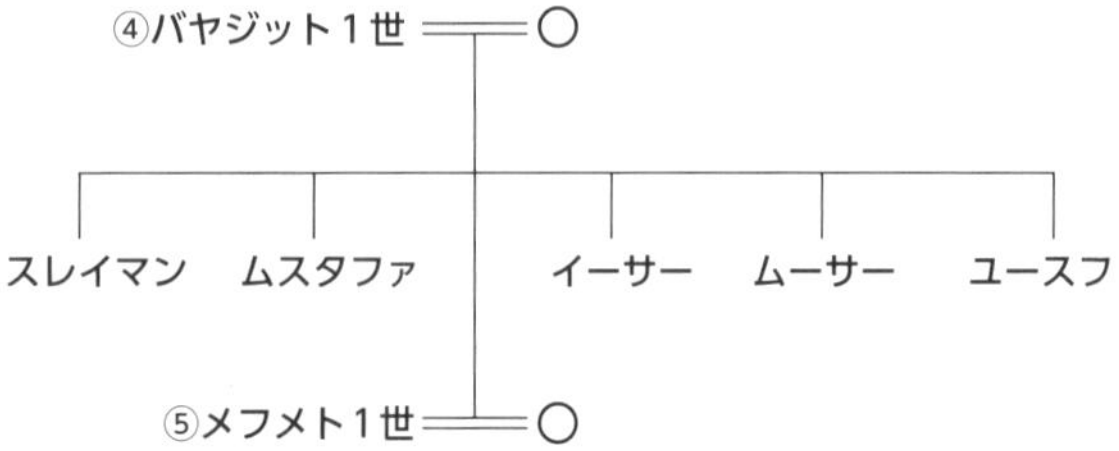

は、ティムールがオスマン帝国を混乱させるために彼を解放したのではないかという説もあります。

戦いが続いた結果、ムスタファはメフメト1世に勝てず、東ローマ帝国に逃亡しました。メフメト1世はムスタファを捕《と》らえますが、処刑できないままに亡くなり、長男のムラト2世が即位します。

メフメト1世には4人の子どもがおり、子どもたちが争うことを避けるため、東ローマ帝国にも王子たちに協力しないように要請します。これによって国家の安定を図りましたが、かえってそれが裏目に出て、東ローマ皇帝の介入を招《まね》く原因になりました。

ムラト2世の時代、オスマン帝国がふたたび勢力を拡大することへの不安から、アナトリアの侯国が離反し、混乱は長引きます。ただ、侯国の力が弱く、ムラト2世はこの危機を何とか乗り切りました。

体制の立て直しに成功したムラト2世は、オスマン帝国の支配が正しいものであることを明らかにしました。オスマン家がトルコ人の歴史で、名家の流れを継いでいることをはっきりさせたのです。このことは、この後も続くモンゴルやティムールと対決するときに、精神的な支えになりました。

奴隷だけどエリート？

メフメト1世やムラト2世の時代、オスマン帝国独特の官僚や軍隊の登用制度ともいえるデヴシルメ制が整備されていきました。

この制度では、おもにバルカン半島の農村で、キリスト教徒の頭がよくて健康な子どもを集めます。彼らは農家にあずけられ、そこでトルコ語を習い、イスラム教に改宗させられます。そして成長とともに選抜されて、とくに優秀な者は宮廷に入りました。

さらに、常備している騎兵の軍団やイェニチェリに配属されます。宮廷に入った者は、スルタンの日常生活の世話係を務《つと》め、成人すると、大宰相などの要職に就く道が開かれていました。彼らは、身分的には「奴隷」ですがエリートでもありました。

スルタンは、「スルタンの奴隷（カプクル）」を従え、反抗《はんこう》されれば自由に処罰できる権限をもつことで、専制体制を強化することができたのです。

ティマール制を基盤に

広い領土をもち、多くの民族を抱える国家を、「平和的」に支配するのは簡単なことではありません。オスマン帝国は、それに成功しためずらしい国家といえます。成功の理由はいくつかありますが、征服地のキリスト教徒を厳《きび》しく迫害するのではなく、寛容《かんよう》に体制内に組み込んでいったことが挙げられます。

このとき重要な役割を果たしたのが、ティマール制です。この制度では、まず征服した地域でオスマン軍団が徹底的な略奪を行いました。オスマン侯国が募集した兵士たちで、兵士として登録され、支配を拡大するために目的地で略奪を命じられたのです。

略奪した地域はまず属国《ぞっこく》となり、貢納金《こうのうきん》を収め、兵士を提供する義務を課せられます。さらにその地域にいた以前からの支配者たちが追放され、スルタンの直轄地《ちょっかつち》になります。

直轄地は細かく区分され、そこにイスラム兵士を派遣し、区分された土地（ティマール）で税をとることをゆるしました。そしてその代償に、スルタンへの軍事的な奉仕《ほうし》を約束させたのです。このスルタンと兵士の間には主従関係が生まれます。また、地域ごとに兵士たちを統括するため、中央政府から長官が派遣《はけん》されました。このようにティマール制を基盤にしてオスマン帝国の中央集権体制が整備されていったのです。

王子怪死事件

ムラト2世のもとで体制が安定してきたかと思われたころ、王子アラエッティンが怪死《かいし》する事件が起きました。これを悲しんだムラト2世は、メフメト2世にスルタンの位を1451年に譲《ゆず》り、政治の世界から身を引きます。

ムラト2世は退位する際、セルビアやハンガリーなどと10年間の和平条約を結びました。自身は西アナトリアに居

そのころ、日本では？

1449（文安6）年、足利義政《あしかがよしまさ》が室町幕府8代将軍に就任しました。当初こそ将軍らしく振るまっていた義政でしたが、実権は側近が握っており、政治への意欲をしだいに失っていきます。義政のリーダーシップの欠如《けつじょ》は、のちに発生する「応仁の乱」の長期化を招きました。

住して、有力侯国ににらみを利かせます。そして、まだ12歳のメフメト2世を支援しました。また大宰相のチャンダルル＝パシャやカプクルたちがメフメト2世を支えます。ただし、ムラト2世の退位により、和平条約を結んでいたブルガリアやアナトリアの有力侯国がオスマン帝国に反発します。

さらにイェニチェリの一部がメフメト2世の退位を要求して反乱を起こしました。イェニチェリの不満は給料の値上げなどで解決したものの、有力侯国の反乱は大宰相チャンダルル＝パシャの要請でムラト2世が指揮をとり、軍事的に鎮圧《ちんあつ》します。

ムラト2世はチャンダルル＝パシャに要請されて復位したものの、1451年に亡くなり、18歳になったメフメト2世が改めて即位しました。

公共施設に財産を

このころ、ヨーロッパの好景気やモンゴルの襲来をきっかけにして、アジアへの関心が高まったことで、東西の交流がさかんになりはじめたことなどを背景に、イスラム世界の経済が発展し、お金持ちが増えていました。そのため、君主は彼らの財産を狙って課税などを行います。

財産を君主にとられたくないお金持ちは、寄付として公共のために使えるように手続きをしました。これをワクフといい、イスラム教の信仰が生んだ独特の制度です。

ワクフで寄進された土地や財産は、モスクや病院、学校、隊商の宿泊施設の建設など、都市の整備にも使われ、イスラム圏の都市の発展に大きく貢献《こうけん》しました。のちにこの制度は、君主や国からの課税を逃れるためにお金持ちが利用するようになっていきます。

「兄弟殺し」の始まり

ここで、オスマン帝国の「兄弟殺し」について説明します。メフメト2世は即位したとき、まだ生まれて間もない乳児だった弟アフメトを殺害します。これがオスマン帝国の悪評の高い、スルタン即位時の「兄弟殺し」の始まりでした。

トルコ系やモンゴル系の王朝では、カリスマ的な指導者がいると発展しますが、その人物が死ぬと後継者争いなどで混乱し、兄弟や有力者が対立して国家や国土が分裂してしまうこともありました。

メフメト2世の非情な行動は、以後オスマン帝国が国土を分割せずに存続したきっかけになりました。

アナトリアの有力侯国に打撃をあたえたメフメト2世は、ついにコンスタンティノープルを攻めます。

しかし大宰相のチャンダルルは、ヴェネツィアや東ローマ帝国の交易から利益を得ており、東ローマ帝国との戦争に反対しました。メフメト2世はカプクルを積極的に登用し、チャンダルル＝パシャを圧迫します。

このとき、ジェノヴァは中立を守り、オスマン軍団に苦しめられてきたハンガリーは参戦をためらい、セルビアなどはオスマン軍に加勢しました。

1453年4月、オスマン帝国と東ローマ帝国が対決します。東ローマ帝国軍は7000人あまり、オスマン軍は8万人ともいわれ、数の上ではオスマン軍が圧倒的に有利でした。コンスタンティノープルは南、東、北を海に守られ、北の金角湾《きんかくわん》の入り口には鎖《くさり》が張られており、船の侵入が不可能な状態でした。西部には二重の城壁《じょうへき》があり、いずれもオスマン軍を苦しめました。

オスマン軍は金角湾の守りを出し抜くため、鎖を避けて艦隊を山越えさせる作戦を実行しました。

また、西部の二重の城壁に対する攻撃には、大砲が大きな効果を発揮しました。その城壁の一角を崩したオスマン軍がなだれ込み、1453年5月、コンスタンティノープルは陥落《かんらく》しました。1000年を超える歴史をもつ東ローマ帝国が、ここに滅亡したのです。

そのころ、日本では？

鎌倉公方の足利成氏《しげうじ》が関東管領の上杉憲忠《のりただ》を殺害する事件が1455（享徳《きょうとく》3）年に起こりました。かねてより対立していた両家の争いは、関東地方の武家を二分する大きな争いに発展します。28年にわたるこの「享徳の乱」により、関東の戦国時代が幕を開けました。

東ローマ帝国滅亡時のオスマン帝国の領土

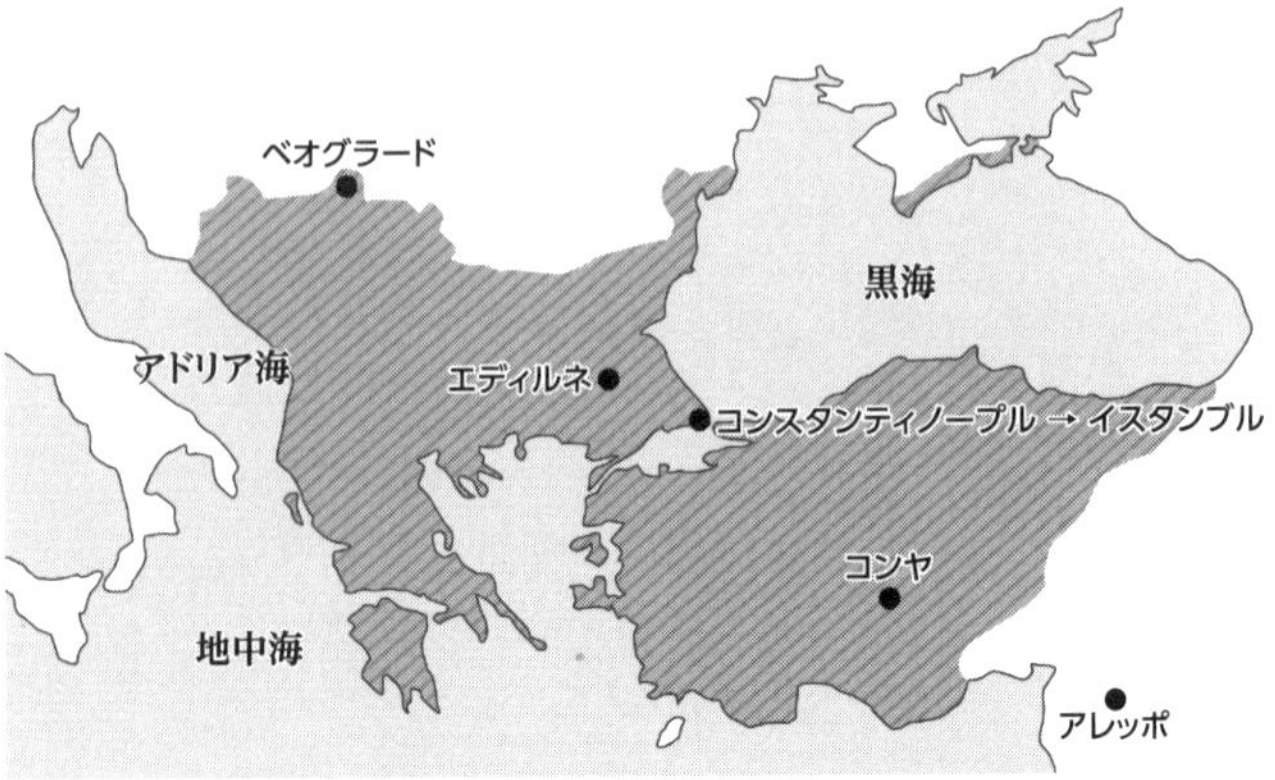

新たな都、イスタンブル

オスマン帝国の支配下に入ったコンスタンティノープルは、イスタンブルと呼ばれるようになります。ギリシア語の「イス＝ティン＝ポリン（街へ）」に由来します。

しかし、この街を都にすることについて、ガージーたちは、オスマン帝国の前線になるエディルネこそが都にふさわしいとして、不満をもっていました。それでも、メフメト2世は、ヨーロッパとアジアを結ぶこの都市を都にすることにこだわります。

かつて50万の人口を誇ったイスタンブルも、陥落時には7万人にまで激減していました。そのためメフメト2世は、イスタンブルの復興にとり組みます。経済の復興のため、近隣の都市から商人や職人を強制的に移住させたほか、イスラム教徒以外にも移住を呼びかけます。

コンスタンティノープルが陥落したころ、イベリア半島のキリスト教徒は、レコンキスタ（国土回復運動。イスラム教徒に支配されていた土地を取りもどすための戦争）が最終局面を迎えていました。このため、半島から脱出したイスラム教徒だけでなく、キリスト教に迫害されていたユダヤ人にも、イスタンブルへの移住を呼びかけました。

さらに、新しいモスクを建てさせ、病院や救貧施設も設置させます。一番の脅威は、キリスト教を信仰する国家が奪還《だっかん》のための十字軍を派遣してくることでした。このため、戦闘で壊れた壁の修復など防衛の強化も図られますが、十字軍は派遣されませんでした。

トプカプ宮殿

メフメト2世は、1460年代からトプカプ宮殿の建設を開始し、1478年ごろに完成します。宮殿の外庭の一角に御前《ごぜん》会議の開かれる小さな建物があり、そこには大宰相をはじめ、国家の最高権力者が集まりました。

最初はスルタンも会議に列席《れっせき》していましたが、会議の様子を他の場所から眺《なが》め、会議に緊張感をもたせるとともに、スルタンの権威をより高めたとされます。外庭は外国使節との謁見《えっけん》の場でもあり、その豪華《ごうか》さは使節たちを圧倒したようです。

外庭に対して内庭はスルタンの私生活の場で、デヴシルメで集められた少年のなかでもとくに優秀な人物が職務をこなしながら教育も受け、成長すると中央や地方の高官として赴任《ふにん》しました。

また、スルタンと王妃《おうひ》、幼少の王子や王女の生活の場になる後宮（ハレム）もありました。ここには王族以外の立ち入りが禁止され、去勢《きょせい》された黒人の宦官《かんがん》が必要な仕事をこなしました。

征服戦争の再開

メフメト2世はコンスタンティノープルを陥落させた翌年から、バルカン半島への進出を再開し、小国を併合してハンガリーに迫り、ベオグラードの南までを併合しました。またバルカン半島の南西部のアルバニアを攻撃し、オスマン帝国に併合します。

さらにドナウ川の北岸、ワラキア（現在のルーマニア）地方にも進出しました。ワラキア南部には、オスマンの宮廷につかえた経験のあるヴラド3世がいて、メフメト2世と戦いました。ワラキア内部の対立も利用した外交が成功し、ワラキアはオスマン帝国の属国になります。

メフメト2世はアナトリア方面にも目を向け、北東部の海岸にあったトレビゾンド帝国を滅ぼしました。そのころのアナトリア東部から中央アジアにかけては、アコクユンリ（白羊朝）という王朝が最盛期を迎えていました。この国は強大でメフメト2世も苦戦しましたが、１４７３年、トレビゾンド付近で行われた戦いに勝利しました。アコクユンリはその後、イランのサファヴィー朝に滅ぼされます。

15世紀後半のオスマン帝国の領土

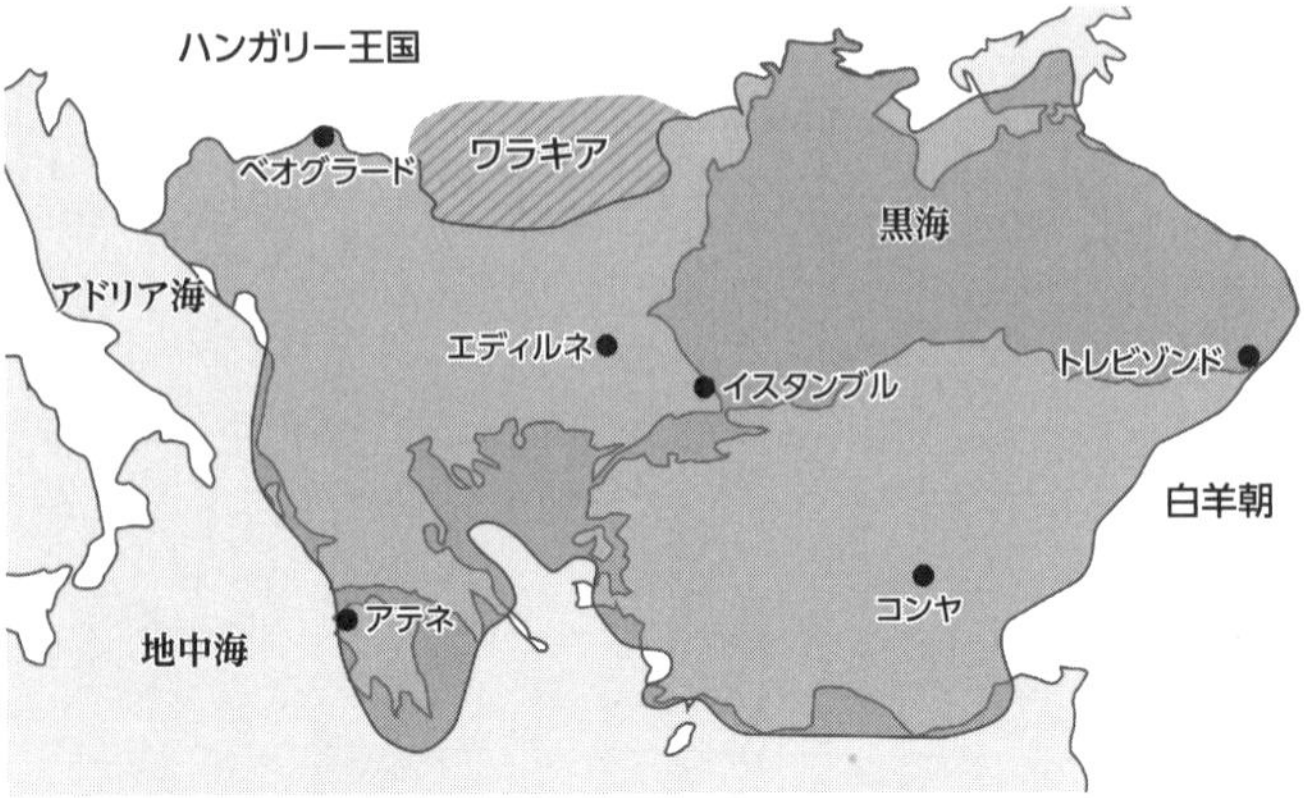

オスマン帝国はアナトリアで最後まで大きな力をもったカラマン侯国も完全に併合し、黒海北岸のクリミア＝ハン国も併合しますが、メフメト2世は1481年に遠征途中で亡くなりました。

領土拡大に歯止め

メフメト2世の3人の子どものうち、王子ムスタファは病気で亡くなり、33歳のバヤジットと21歳のジェムがスルタンの位を争います。話し合いも行われ、ジェムは、自分がアナトリアを、バヤジットがバルカンを支配する分割統治を提案しましたが、バヤジットが拒否しました。

両者の戦いは続き、敗れたジェムはヴァチカンのローマ教皇のもとに亡命しました。その後、フランスに引きわたされ、１４９５年に彼はナポリで突然死します。

ジェムの死によって、バヤジット2世にはスルタンの位をめぐる問題はなくなりました。黒海北西岸にあった国家を征服したことで、オスマン艦隊にとって、黒海では敵がいなくなりました。マムルク朝などとは小競《こぜ》り合いが続きましたが、領土の拡大には至りませんでした。

大規模な遠征が行われなかったのは、メフメト2世時代の遠征により国庫《こっこ》が窮乏《きゅうぼう》していたこと、兵士たちの間で戦争への不満が大きくなっていたことなどが指摘されます。このためバヤジットの時代、スルタンの指導力が低下したという評価もあります。この時代でもカプクルたちはよくスルタンを支え、オスマン帝国を動揺させることはありませんでした。一方で、オスマン帝国の文化的発展が注目されます。

オスマン帝国は、積極的にヨーロッパ文化の流入を図りました。ヨーロッパの新しい文化運動であるルネサンスを担《にな》った芸術家のミケランジェロも、イスタンブル行きを考えたことがあったそうです。

知れば知るほどおもしろいトルコの偉人③

白羊朝の領土を最大にした君主

ウズン＝ハサン

Uzun Hasan

(1423～1478)

アナトリアからイラク、イランまでを併合

　ウズン＝ハサンは白羊朝の第5代君主で、初代君主カラ＝ユルク＝オスマンの孫です。彼が兄を倒して君主に就いたとき、東にはジャハーン＝シャーが率《ひき》いるトゥルク系の黒羊朝、西にはオスマン帝国がありました。彼はヴェネツィアやトレビゾンド、モスクワ大公国などの国々と外交関係を強化して西方の安全を強化したうえで、黒羊朝との戦いを開始します。

　1467年にジャハーン＝シャーを殺害すると、白羊朝はわずか2年で黒羊朝を滅ぼし、現在のアゼルバイジャンとイラクの領土を併合しました。1469年にはティムール朝を破ってイラン西部にまで拡大しますが、ウズン＝ハサンがアナトリア南部のカラマン侯国を支援したことでオスマン帝国との戦争が勃発《ぼっぱつ》。敗れた白羊朝はアナトリアの覇権《はけん》を奪われました。ウズン＝ハサンの死後、後継争いが起こり、白羊朝は弱体化していきました。

chapter 4

スレイマン大帝の時代

サファヴィー朝の成立

オスマン帝国にとって東方の大きな脅威《きょうい》だったティムールは、15世紀の後半になって衰退《すいたい》し、代わりに16世紀になると、イラン高原を中心にサファヴィー朝が成立します。

建国者のイスマーイールはイラン系で、当時支持を集めていたシーア派の流れをくむサファヴィー教団の指導者でした。彼はトルコ系のギズィルバーシュ（「赤い頭」の意味。信者が頭に巻いた赤色のターバンに由来）といわれ、遊牧部族の支持を得て、1501年にアナトリア東部に残っていた白羊朝を破り、サファヴィー朝を建国しました。

初期は建国に貢献したトルコ系の軍人が力をもち、イラン系の人々が行政などで指導力を発揮していました。

後継者争い、ふたたび

バヤジット2世の8人の子どものうち、5人は若くして亡くなり、成人したのはアフメト、コルクト、セリムの3人でした。セリムは黒海沿岸地方の太守《たいしゅ》（パシャ。「地方の長官」という意味）を務めており、東方のイランにできたサファヴィー朝と領土をめぐって対立し、有利な立場にありました。

ところが、バヤジット2世は好戦的なセリムを批判します。現実から離れた宗教的世界（神秘主義）について深く考えるようになっていたバヤジット2世は、同じような傾向をもつサファヴィー朝との対立を望みませんでした。

スルタンの家系図③

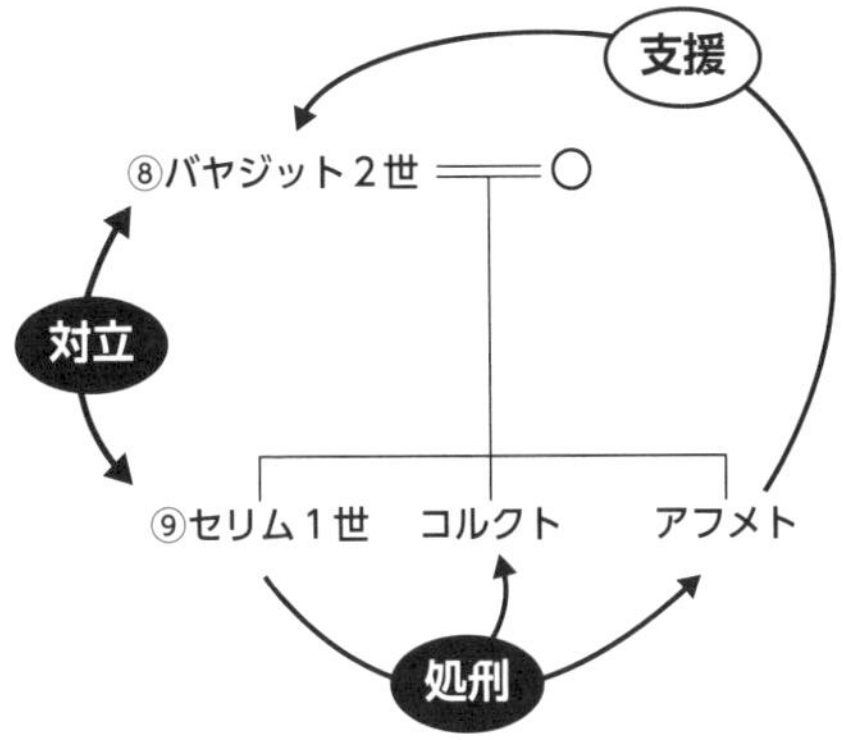

不満をもったセリムは、クリミア半島の太守を務める息子のスレイマンを頼《たよ》り、イスタンブルを攻撃しようとしました。このとき、バヤジット2世が期待していたアフメトは父親の支援のためイスタンブルに向かいますが、セリムの部下によって阻止されました。
アフメトとセリムの対立が続くなか、コルクトがイスタンブルに入ります。ところがイェニチェ

リはセリムを圧倒的に支持していました。自信をもったセリムはイスタンブルに入城し、バヤジットを退位させ、1512年にセリム1世として即位します。バヤジットは隠棲《いんせい》先に向かう途中で急死し、アフメトとコルクトはその子どもたちとともに、セリム1世によって処刑されました。

セリム1世の時代、イランにできたサファヴィー朝とエジプトのマムルク朝がオスマン帝国にとって気になる勢力でした。セリム1世がスルタンの間は、これらの王朝との争いが続きます。

チャルディランでの戦い

1514年、セリム1世とサファヴィー朝のイスマーイールは領土をめぐって戦います。両者はアナトリア東部のヴァン湖の近く、チャルディランで対決しました。

当時のオスマン軍は鉄砲や大砲など新しい武器を用意していたのに対し、サファヴィー朝軍は弓騎兵が中心でした。最終的には巧《たく》みな戦術により、オスマン軍が勝利します。しかし、冬の寒さのためサファヴィー朝を追撃できず、アナトリアのほぼ全域を支配下に置き、撤退《てったい》を決めました。

サファヴィー朝のイスマーイールにとってこの敗北は屈辱だったため、ローマ教皇、ハンガリーやヴェネツィア、スペインなどと反オスマン同盟を結成しようとします。しかし各国ともに積極的には動きませんでした。

また、サファヴィー朝の東方にあるトルキスタンでは、トルコ系のウズベク族の動きが不穏だったため、西方ばかりに目を向けていられなかったのです。

サファヴィー朝の南方にはアラビア海、北方にはカスピ海があり、15～16世紀には、周辺にはオスマン帝国をはじめさまざまな民族が大小の王朝を建国していました。それらの王朝との戦いは、シーア派とスンナ派との戦いともいえます。イランでシーア派が大きな影響力をもつようになったのは、この王朝の時代です。

マムルク朝の滅亡

チャルディランの戦いのあと、アナトリアに残っていた侯国を併合したオスマン帝国にとって、新しい敵はエジプトを中心にシリア地方まで勢力を広げていたマムルク朝になります。マムルク朝は13世紀、モンゴルがバグダードを陥落させたとき、アッバース家のカリフを保護していました。また、マムルク朝はメッカなどのイスラム教の聖地をも支配下に入れ、自身はイスラム世界の中心だと考えていました。

1516年、マムルク朝との戦いでも、オスマン帝国は大砲を使い、圧倒します。1517年にマムルク朝を滅亡させたオスマン帝国は、エジプトはもちろん、アラビア半島のメッカやメディナなどもその版図に組み込みました。セリム1世は、さらにサファヴィー朝やロードス島への遠征を考えていたようですが、1520年、黒死病《こくしびょう》のために亡くなりました。

セリム1世は在位した8年間で、兄弟をはじめとして親族の処刑、さらには高官を次々と粛清《しゅくせい》しました。このため「冷酷《れいこく》王」とも呼ばれます。一方で領土を広げた「オスマン帝国のアレクサンドロス大王」とも呼ばれ、エジプトにまで領土を広げました。

スルタン＝カリフ制の成立

イスラム世界でスルタンとカリフは重みのある称号《しょうごう》です。とくにカリフの位はウマイヤ朝やアッバース朝で継承され、イスラム教徒をまとめていました。１２５８年にモンゴルに攻められてバグダードが陥落したあとも、マムルク朝の庇護《ひご》下にアッバース家がそれを維持してきていました。

マムルク朝がオスマン帝国に滅ぼされたとき、アッバース家はカリフの位をセリム１世に譲り、ここからスルタンがカリフをも兼《か》ねるスルタン＝カリフ制が始まったとされます。しかしのちに、オスマン帝国が、南下してくるロシアなどと対抗するため、権威付けとして行われたもので、

そのころ、日本では？

応仁の乱以降の日明貿易は有力大名が実権を握っていました。なかでも細川《ほそかわ》氏と大内《おおうち》氏は貿易の利権を激しく争い、1523（大永《だいえい》3）年には大内氏側が細川氏の船を焼き討ちする事件が明の寧波《にんぽー》で発生します。この「寧波の乱」ののち、日明貿易は大内氏が独占することになりました。

当時のオスマンの人々にとっては、メッカなどのイスラム教の聖地の支配権を手に入れたことのほうが重大な意味をもっていたとされます。

スレイマンがスルタンに

セリム1世のひとり息子だったスレイマンは、歴代のスルタンが経験してきた兄弟殺しとは無縁《むえん》で、1520年に25歳でスルタンの位を継承しました。ここから、オスマン帝国史上最長の46年にわたる支配が始まります。

スレイマンは即位の翌年から遠征を始めました。ドナウ川とサヴァ川が合流するところにある要衝ベオグラードの攻撃から始まります。ここはハンガリーへの入り口でもありました。周辺は豊かな農耕地帯で、この地を得たことでドナウ川北方への足がかりとなりました。

このころ、ヨーロッパで一番の経済力を誇ったスペインのカルロス1世（神聖ローマ皇帝カール5世）、ドイツとスペインの間で対抗していたフランスのフランソワ1世、強国への脱皮を図っていたイングランドのヘンリー8世がいました。とくにフランソワ

1世とカルロス1世はイタリアをめぐって戦いを続けていて、そのような国際関係にオスマン帝国も巻き込まれていきます。そのなかでスレイマンは、「世界の王」になるという強い自覚をもったとされています。

スレイマンは最大の敵であったカルロス1世と戦うため、フランソワ1世とは友好関係を樹立し、フランスにカピチュレーション（恩恵的特権《おんけいてきとっけん》）をあたえました。これにより、オスマン帝国内のフランス商人は関税自主権や治外法権を認められます。

また、スレイマンは地中海のイスラム勢力の拠点となっていたアナトリア半島南西部沖のロードス島にも軍隊を派遣し、1522年に手に入れました。

ロードス島を失ったことは、西ヨーロッパの人々にとって、東ヨーロッパからだけではなく、地中海からもイスラムの脅威が高まったことを意味します。

ちなみにスレイマンは、このあとも複数回遠征して各地に強烈な印象を残したことから、ヨーロッパ人から「壮麗王《そうれい》」とも呼ばれました。

第一次ウィーン包囲

ベオグラードを占領した勢いで、スレイマンはさらに北方のハンガリーやトランシルバニア（現在のルーマニア西部にあった国）に目を向けます。1526年、スレイマンは10万人の兵を率いて北上。対するハンガリー軍は、ヨーロッパ諸国の支援が得られず、単身で立ち向かいます。

結局、大砲を装備したオスマン軍はハンガリー軍に大勝し、都のブダに入って略奪しました。

その後の和平協議で、スレイマンはオーストリア代表の傲慢《ごうまん》な態度に怒り、1529年に12万の兵士や大砲とともにウィーンに向かいました。当時のオーストリア大公フェルディナントはカルロス1世の弟でした。当時、宗教改革で新教徒と旧教徒が争っていたヨーロッパで、旧教徒も新教徒もオスマン帝国の脅威を強く認識せざるを得なくなり

スレイマン１世の最大版図

ました。

しかし、スレイマンにとって、ウィーンへの遠征は試練となります。強大な軍事力を誇ったオスマン帝国軍でしたが、悪天候に悩《なや》まされ、ウィーンへの到着が遅《おく》れました。

そのためウィーンでは防衛の準備が進んでおり、オスマン帝国軍は攻めあぐねます。

スレイマンによるウィーン包囲は、3週間におよびました。フェルディナントがすでにウィーンを脱出しており、寒さも本格化しはじめたため、オスマン帝国軍は撤退しました。

ハンガリーをめぐる対立

その後もスレイマンは、オーストリア大公フェルディナントとその背後《はいご》にいるカルロス1世に対抗し続けます。

焦点《しょうてん》になったのは、両国の間に位置するハンガリーの領有問題でした。オスマン帝国軍との戦いでハンガリー王ラヨシュ2世が戦死したあと、オーストリア大公フェルディナントがハンガリー王位を要求しました。

ハンガリー人はオーストリアを嫌《きら》っていて、オスマン帝国の属国だったトランシルバニアの領主サポヤイを招いて王としたうえで、実質オスマン帝国の属国になったのです。これに怒ったフェルディナントと戦ったスレイマンは、ハンガリー南部を直接支配下に入れました。

プレヴェザの海戦

16世紀の地中海は、海賊の時代でもありました。北アフリカ海岸の西部で名をはせた海賊のバルバロス＝ハイレッディンが、スペインとの戦いのため、オスマン帝国のセリム1世に支援を求めます。セリム1世はそれを受け入れ、兵士を送るとともに、1533年にハイレッディンをアルジェリアの都市アルジェの総督《そうとく》に任命しました。

ハイレッディンはアルジェリア周辺に勢力を拡大し、アルジェの港を海賊に開放しました。

スペインは海賊討伐《とうばつ》のために大軍を派遣したものの、嵐《あらし》のために失敗します。この後カルロス1世はフランスとの戦いのため海賊の討伐をあきらめ、ハイレッディンは逆に各地のスペイン要塞《ようさい》を攻撃しました。

スレイマンは、オスマン帝国の海軍力を強大化するために海賊との結びつきを強め、ハイレッディンをアルジェの総督から北アフリカの総督に昇格《しょうかく》させました。

その後、スペインの提督《ていとく》が指揮する艦隊はハイレッディンの海賊軍との戦いを続けましたが、双方ともに

決定的な勝利は得られませんでした。

地中海沿岸のキリスト教徒の拠点を荒らしていたオスマン艦隊は、1538年にプレヴェザでヨーロッパ艦隊と戦います（プレヴェザの海戦）。このとき、ハイレッディンはオスマン海軍総督になっていました。この戦いでも決着がつきませんでしたが、ヨーロッパの諸国の連合軍がオスマン艦隊を打ち破れなかったため、地中海でのオスマン帝国の優位は決定的になりました。

イブラヒム＝パシャの活躍

もうひとり、イブラヒム＝パシャという人物がスレイマン大帝の時代を支えた立役者《たてやくしゃ》でした。イタリア人船員の息子で、かつて海賊に売られた彼はスレイマンの寵愛《ちょうあい》を受け、政権の中枢《ちゅうすう》にのし上がります。過去にセリム1世が占領したエジプトの安定化にも尽力し、ハンガリー遠征やウィーン包囲などでも大きな役割を果たしました。

イブラヒム＝パシャは、アナトリア半島にあったサファヴィー朝側の国などを抑え、またイラク方面でも領土を拡大しました。ただし、サファヴィー朝との対決では大砲を使った戦術で挑んだものの、遊牧民の機動力に有効ではなく、大きな成果は得られませんでした。

イブラヒム＝パシャの活躍は、オスマン帝国の政治のあり方に大きな変化をもたらしたともいえます。たとえばセリム1世は自身の独断で政策を実行したのですが、スレイマンはイブラヒム＝パシャのようなエリートたちとの会話を重視しました。オスマン帝国ができて以来の「トルコ系の有力者だけが出世する」という体制が変化してきたことを示しています。

ところが1536年、スレイマンは突然イブラヒム＝パシャを処刑しました。理由ははっきりしませんが、彼のふるまいが人々に嫌われていたともいわれます。彼の死とともにスレイマンの時代の前半が終わりました。以後、スレイマンは積極的な対外政策はしなくなりました。

立法王の後継者は？

スレイマンは「立法者（カーヌーニー）」ともいわれます。まさしく法律を整備したのですが、スルタンが発布した世間一般に受け入れられている法律と、コーランに根拠を求められるイスラム法（シャリーア）との関係を明らかにするための作業が行われました。

つまり、オスマン帝国の慣習や制度のすべてをイスラム法で矛盾《むじゅん》なく説明できるようにして、イスラム国家として正当なものであることをイスラム教世界に示したのです。

それに関連して、スレイマンは政治制度も整えます。スルタンが郡や官僚を厳しく統制すること、農民や軍人を統治することを実現しました。安定した国家の運営のために必要な体制を確立させたのです。

スレイマンの治世の後半、後継者の問題が出てきます。スレイマンには第1夫人のマヒデヴランとの子であるムスタファ、第2夫人のヒュッレムとの子であるメフメト、セリム、バヤジット、ジハンギルという5人の後継者候補がいました。

5人のうち、スレイマンがもっとも目をかけていたのは第1子のメフメトでしたが、病死しました。このときイェニチェリの軍団は、有能で軍隊での評価の高かったムスタファを擁立しようと動きはじめます。それを嫌ったスレイマンは、ムスタファを処刑し

スルタンの家系図④

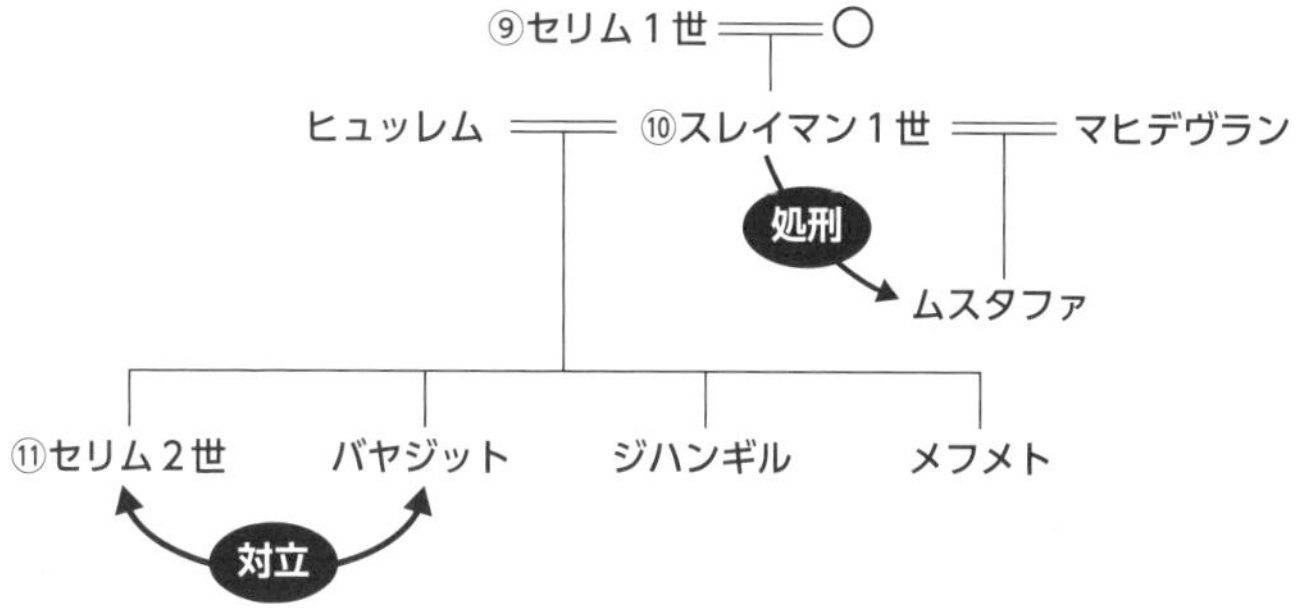

ました。この事件に衝撃を受けてジハンギルも亡くなり、残ったセリムとバヤジットが後継者を争うようになります。

なお、スレイマンの娘のミフリマーは軍人リュステムと結婚しました。軍人でありながら財務にくわしいリュステムは、のちに戦争で苦しくなっていた国家財政を立て直しました。

バヤジットVSセリム

バヤジットとセリムの対立は、側近たちの思惑《おもわく》も絡《から》まり深刻になっていきます。

当時のスレイマンは病気が悪化し、動くのも不自由になっていました。ヒュッレムは夫や子の間をとりなしていましたが、1558年に亡くなります。スレイマンは、ふたりの子どもを遠方の太守（地方の長官）に任命して対立を回避しようとしました。

しかしバヤジットの派遣された地方アマスィア（アナトリア東部の軍事拠点）は、殺されたムスタファの赴任地であり、スレイマンに反発する勢力がバヤジットのもとに集まりはじめます。

スレイマンはバヤジットを討《う》つことを決め、セリムに軍をあたえて戦わせました。その結果、セリムが勝利し、彼が後継者になることが決定しました。

セリム2世をあやつる宰相

スレイマンは1566年、ヨーロッパにオスマン帝国の力を示すため、軍を率いて遠征しますが、途中で亡くなりました。その死後の混乱を防ぎ、セリム2世への継承を行ったのが、ソコルル＝メフメト＝パシャという人物です。

彼はセリムが派遣された土地キュタヒヤ（アナトリア西部の都市）に、情報収集と見張り役を兼ねて派遣されていました。スレイマンの最期の遠征にも加わり、行軍途中でスレイマンが死んだことを隠したまま戦争に勝利してイスタンブルにもどります。スルタンの死による軍隊の動揺を未然に防《ふせ》ぎ、その後はセリム2世のもとで、宰相として活躍します。

それまでのオスマン帝国の一般的慣習では、スルタンの継承者が自分自身で家臣団を育てて、即位とともに彼らを要職に就けていました。このころになると中央の官僚機構も大きくなり、必ずしもスルタンの意のままになるものではなくなっていました。そのためソコルルはセリムをあやつり、自身の権力をもちつづけたのです。

セリム2世は凡庸《ぼんよう》な人物で、みずから遠征に出るようなことはせず、イスタンブルの宮殿とエディルネの宮殿で過ごしました。

エディルネは軍事や経済の中心で、自然も豊かなため、

そのころ、日本では？

畿内制圧をめざす織田信長《おだのぶなが》は1570（元亀《げんき》元）年、朝倉氏の領国である越前に進軍しましたが、義弟・浅井長政《あざいながまさ》の裏切りで撤退を余儀《よぎ》なくされます。2カ月後、信長と徳川家康の連合軍は近江の姉川《あねがわ》河原で朝倉・浅井軍と激突。この「姉川の戦い」は織田・徳川軍が勝利しました。

彼はそこで狩りを楽しむ気楽な生活を続けました。ソコルルに最高権力をあたえ、彼の下で育ってきた臣下の提言を受け入れました。

しかし、1571年に行われたヴェネツィア支配下のキプロス島への攻撃は、ソコルルの反対にもかかわらず実行されました。占領は成功し、イスタンブルとエジプトの間の交通の安全が確保されました。

運河をつなげる計画

スレイマンの死後、ソコルルは、スエズ運河の開削《かいさく》と、アゾフ海に流れるドン川とカスピ海に流れるヴォルガ川とを結ぶ2本の運河の建設を計画しました（ドン・ヴォルガ運河計画）。スエズ運河との接続では、地中海からインド洋への進出をめざしましたが、技術面の問題もあり失敗します。

ドン川とヴォルガ川を結ぶ計画は、イランのサファヴィー朝へ海軍を派遣しやすくすることやロシアとの交易の拡大を図ったものでした。オスマン帝国が、さらに進出しようとしている意気込みを示そうとした動きといえます。

レパントの海戦

　1571年8月、オスマン帝国はキプロス島をヴェネツィアから奪います。ヴェネツィアは、その奪還のため、ローマ教皇やスペインと神聖同盟を結びました。ヨーロッパの艦隊は、オスマン艦隊がレパントに停泊しているという情報を得て、そちらに向かいます。

　オスマン帝国も艦隊を組織し、両艦隊は1571年10月、ペロポネソス半島の北の対岸レパント付近で交戦しました（レパントの海戦）。カ

トリック諸国の連合艦隊の指揮官ドン＝ファアン＝デ＝アウストリアの巧みな戦術により、オスマン艦隊はほぼ全滅しました。

しかし、ソコルル＝メフメト＝パシャは艦隊を再建し、翌年には失った以上の艦隊を地中海に送り込みました。一方の神聖同盟側は、レパントで勝利したあと足並《あしな》みがそろわず、オスマン艦隊を完全に滅ぼすことはできませんでした。

１５７３年、オスマン帝国はヴェネツィアと講和条約を結び、キプロス島を割譲《かつじょう》されます。さらにオスマン艦隊は北アフリカに向かい、スペインに占領されていた現在のチュニジアにある拠点チュニスを奪い返しました。

ソコルルの死

１５７４年にセリム２世が亡くなり、息子のムラト３世が即位します。ソコルルは３代のスルタンに仕《つか》えることになります。彼はバルカン半島やアナトリアの国境地帯での戦争を避ける平和路線を考えていました。しかし、それを批判する軍人たちの声が大きくなっていきます。

オスマン帝国とサファヴィー朝は、コーカサス地方で対立を続けていました。1578年、オスマン帝国はコーカサスへ進軍を開始します。これに反対していたソコルルは、うらみをもった人物によって1579年に暗殺されました。暗殺者の背後には、ムラト3世の思惑もあったといわれます。

ソコルルの死後、オスマン帝国の内政は混乱しました。軍などをうまく指揮できず、補給もままならない状態で戦争は10年以上にわたって続きました。最終的にはサファヴィー朝内部の混乱もあって、和議が結ばれます。その後、サファヴィー朝が体勢を立て直して反撃し、かつての領土を回復しました。サファヴィー朝は、アッバース1世のもとで全盛期を迎えます。

サファヴィー朝との戦争中、オスマン帝国は西方でもハプスブルク家と戦っていました。オスマン帝国が劣勢になると、その属国トランシルヴァニアなどが加勢して、一進一退の攻防が続きました。オスマン帝国の軍事力が弱体化していたこともあり、決定的な勝利は得られませんでした。

知れば知るほどおもしろいトルコの偉人④

オスマン帝国最高の建築家

ミマール＝スィナン

Mimar Sinan

（1490ごろ～1587）

トルコを代表するモスクを数多く建設した

スィナンは少年時代から大人になるまで大工《だいく》として働いていました。22歳のときにオスマン帝国のイェニチェリに入隊。兵役《へいえき》中はバグダード、ダマスカス、エジプトなど帝国内に駐屯《ちゅうとん》し、軍務に携《たずさ》わりながらも古代遺跡を見物してその建築方法を学んだといわれます。

軍事技術者としての評価を得たスィナンは、50歳ごろにスレイマン1世から造営局長に任命されました。スィナンは公共建築物を中心に数多くの建築に携わります。生涯で建設した建物には、84の大モスク、51の小モスク、42の公衆浴場、7の水道橋、22の霊廟、57の宗教学校などがあります。代表的な作品は、イスタンブルにあるスレイマン＝モスクです。細長いミナレットと高いドームがあるのが特長で、約10年の歳月をかけて計画、設計、施工《せこう》を行いました。手がけた建築物の数やその見事さから、オスマン帝国最高の建築家といわれています。

chapter 5

オスマン帝国最盛期

「オスマン人」を自覚する

西ヨーロッパ諸国では、16世紀から宗教改革が始まりました。教皇や教会の立場の正しさを主張する旧教（カトリック）側と、聖書に基づく個人の信仰を大切にする新教（プロテスタント）側が対立し、内乱や戦争が次々に起こります。

17世紀まで続いたこの混乱を経て、フランスを中心に国王が官僚や軍隊を自由に使って行う専制体制（絶対主義）が形成されていきました。

オスマン帝国は、対外関係では戦争などを続けていましたが、国内では政治や社会が変化しはじめます。イラン高原のサファヴィー朝は、アッバース1世の時代に最盛期を迎え、コーカサスやアゼルバイジャンをめぐって、オスマン帝国との対立を続けていました。

ヨーロッパ方面ではオーストリアとの戦いが続いていましたが、17世紀はじめにオーストリア内での宗教的混乱のため、いったん和議が成立します。以降、半世紀ほど、オーストリアとは比較的平穏な関係が続きました。しかし、サファヴィー朝との対立は続き、イラクへの遠征などもあったため、財政がひっ迫してきました。

なお、スレイマンが亡くなったあと、オスマン帝国のスルタンの力は弱まっていきます。逆に発言力を強くしてきたのが「オスマン人」（オスマンに属する者という意味）を自覚する軍人、ウラマー（イスラム教の学者）、書記などでした。

以前は、これらの人材を外部から集めていましたが、その彼らのオスマン帝国における立場が安定してきたため、外部には頼らず軍人やウラマーなどの官僚の子弟や関係者から補充《ほじゅう》できるようになりました。オスマン人たちはそれぞれの政治勢力をつくっていき、そのためスルタンの発言力が弱まっていきます。

ティマール制度、消滅

14世紀ごろからオスマン帝国にはイェニチェリという正規軍がありましたが、大きな戦争が起きると彼らだけでは対応できなくなり、非正規の戦士（スィパーヒー）が集められるようになります。地方の武人たちで、スルタンからティマール（徴税権）をあたえられている者もいました。

戦争が長期化し、火器を使った新戦術が採用されるようになると、軍事費が増大します。このため政府は、ティマール制に代わって徴税請負制度を広めていきました。徴税請負制度とは、有力な政治家や軍人などが特定の地域の徴税権を買いとり、その土地で徴収した税を政府に収め、残りを自分のものにするというシステムです。

この制度を広げる一方、政府は地方の兵士にあたえていた徴税権をとり上げるようになります。収入のなくなった兵士は非正規の戦士として採用されましたが、彼らは戦闘が終わると解雇《かいこ》されてしまいます。火器を使った戦術が一般化し、兵士の需要も減っていました。解雇された兵士たちは収入がなくなり、アナトリア全体で戦場から持ち帰った銃器を使って略奪を行う者も出てきました。

略奪によって村や町が消滅すると、徴税権で生活していた地域の戦士たちも没落し、やがて略奪に加わることになります。

そこでオスマン帝国は、略奪の指導者を、バルカン半島の地方軍政官に任命しました。しかし、恩恵が受けられずティマールの特権をなくした兵士や、政府への不満をもった農民なども多いアナトリアでは、その後も反乱が続きます。

どん欲な徴税請負人

ティマール制が行われているとき、政府の収入は領地からの税金や鉱山での収入などだけでしたが、徴税請負制度の導入によって、大幅に収入が増加しました。

徴税請負人たちは、自分の収入を増やすために過度な徴税を行います。

17世紀になると、この徴税請負制度は終身制になりました。この結果、徴税請負人が各地で長く税をとり続けることが可能になります。税金の種類も増え、それぞれの税に対する請負人の権利が認められるようになりました。

そして、地方の名士や中央から派遣された州の総督などがこの権利を獲得し、アーヤーン（地方名望家）といわれる勢力に育っていきました。彼らは私兵を雇って、戦争に

そのころ、日本では？

徳川氏と豊臣氏の最終決戦となった「大坂《おおさか》の陣」は、1614（慶長《けいちょう》19）年から翌年にかけて行われました。豊臣秀吉の子どもの秀頼《ひでより》は、母の淀殿《よどどの》とともに大坂城で自刃《じじん》し、豊臣氏は滅亡。泰平の世の訪れを見届けた徳川家康は1616（元和《げんな》2）年に73歳でこの世を去りました。

参加します。

ハレムの権力

12代目のスルタン・ムラト3世は16世紀後半、自分の居住しているハレムの権力を強化しました。ハレム全体を統括する黒人の宦官長を置き、そしてスルタンの母親に「母后（ヴァリデ）」という称号をあたえます。

このような権威付けによって、大宰相でもスルタンの認可を仰ぐとき宦官長を通さなければならなくなりました。このため、宦官長の権威は向上し、宦官長を軸《じく》にハレムそのものがひとつの権力機関になっていったのです。

この結果、帝国では大宰相や州の総督、イェニチ

ェリなどの非イスラム教徒からなる勢力、またイスラム法を司《つかさど》るウラマーなどの勢力（イルミエという）がそれぞれ対立することになりました。スルタンが頂点にあり集権的体制ではあったものの、彼を支える勢力は対立、協調しながらオスマン帝国を運営していきます。

ハレムの立場は強くなりましたが、スレイマン以降のスルタンは政治力のない人物が続きました。1618年に即位したオスマン2世は、スルタンの権威を再興するためポーランド遠征を行ったものの、失敗しました。さらにメッカ巡礼《じゅんれい》に旅立とうとしたとき、行動に不信感を抱いたイェニチェリたちによって暗殺されます。

継承法と兄弟殺し

オスマン帝国ではスルタンの位をめぐる兄弟の対立を避けるため「兄弟殺し」が続いていました。ムラト3世はこの兄弟殺しの習慣に転機をつくります。

ムラト3世には5人の弟がいましたが、いずれも処刑しました。また、ムラト3世には王子だったメフメト3世のほかに19人もの息子がいましたが、彼の即位式のとき、慣

スルタンの家系図⑤

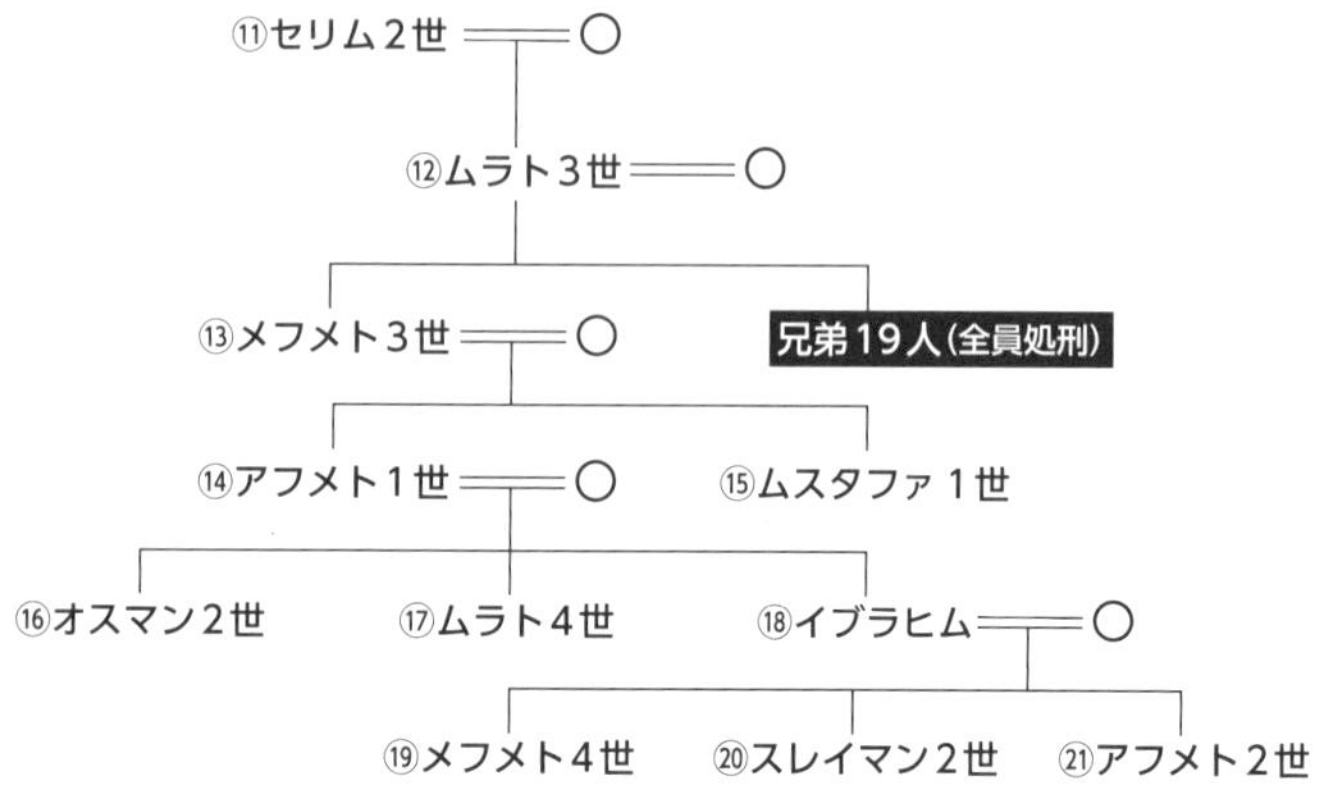

例に従って全員処刑されます。ハレムから出てくる多くの棺《ひつぎ》は、人々の涙《なみだ》を誘ったといわれています。

メフメト3世はカリフの権威の拡大のため対外遠征を続けましたが、そんなときイスタンブルでイェニチェリと常備騎兵が軍事対立を起こします。メフメト3世は自分の長子マフムトがこの対立を仕組んだと思い、マフムトと母親、使用人などを処刑しました。背後に、大宰相とウラマーの対立があったとされます。

メフメト3世が病死したとき、アフメトとムスタファのふたりが残り、1603年に兄のアフメト1世が即位しました。そのときはまだアフメト1世に子どもがおらず、ムスタファは処刑されずにすみました。

アフメト1世が亡くなったとき、彼には3人の王子がいました。ムスタファは心を病《や》んでおり殺されることはなく、以後、兄弟殺しは基本的になくなっていきます。

しかし、生き残った王子たちは、外の勢力と接触して野心をもつことを防ぐという理由で自由な活動が認められず、ハレム内に閉じ込められることになります。

3人の王子

17世紀の前半から半ばにかけてのムラト4世の時代、オスマン帝国はサファヴィー朝との戦いで領土の一部を回復しました。しかし、ムラト4世は権力の集中を図って側近の処刑などを行い、宮廷内には彼に反感をもつ者もいました。

ムラト4世が病死したあとに即位した弟のイブラヒムは、精神状態が不安定でスルタンの役目は果たせませんでした。しかし、オスマン家の血統を絶やさないことを目的に8年間スルタンとして過ごし、3人の王子に恵まれましたが、最終的に高官たちによって退位させられ、殺害されます。

そのあとメフメト4世が即位しましたが、当時6歳で政治力はありませんでした。このころ、ハレム内ではメフメト4世の祖母キョセムと、母親トゥルハン、弟スレイマンの母などが対立をくり返します。

また、このころオスマン帝国はクレタ島を攻撃しますが、ヴェネツィアの反撃でダーダネルス海峡が封鎖されます。市民の間には、イスタンブルが陥落するのではないかという恐怖心が広がりました。

最大版図！

このような危機のなかで、キョプリュリュ＝メフメト＝パシャが活躍します。80歳の高齢で大宰相になり、激しい気性と断固たる姿勢で困難を解決し、帝国に安定をもたらしました。

その後、キョプリュリュ家がオスマン帝国の政治を指導することになります。イスタンブル市内で住民の不安をあおっていた集団や、政府に敵対する勢力を徹底的に粛清し、ヴェネツィアとの戦いにも勝利し、さらに地方で反抗する勢力も抑え込んだ結果、帝国

オスマン帝国の領土の拡大

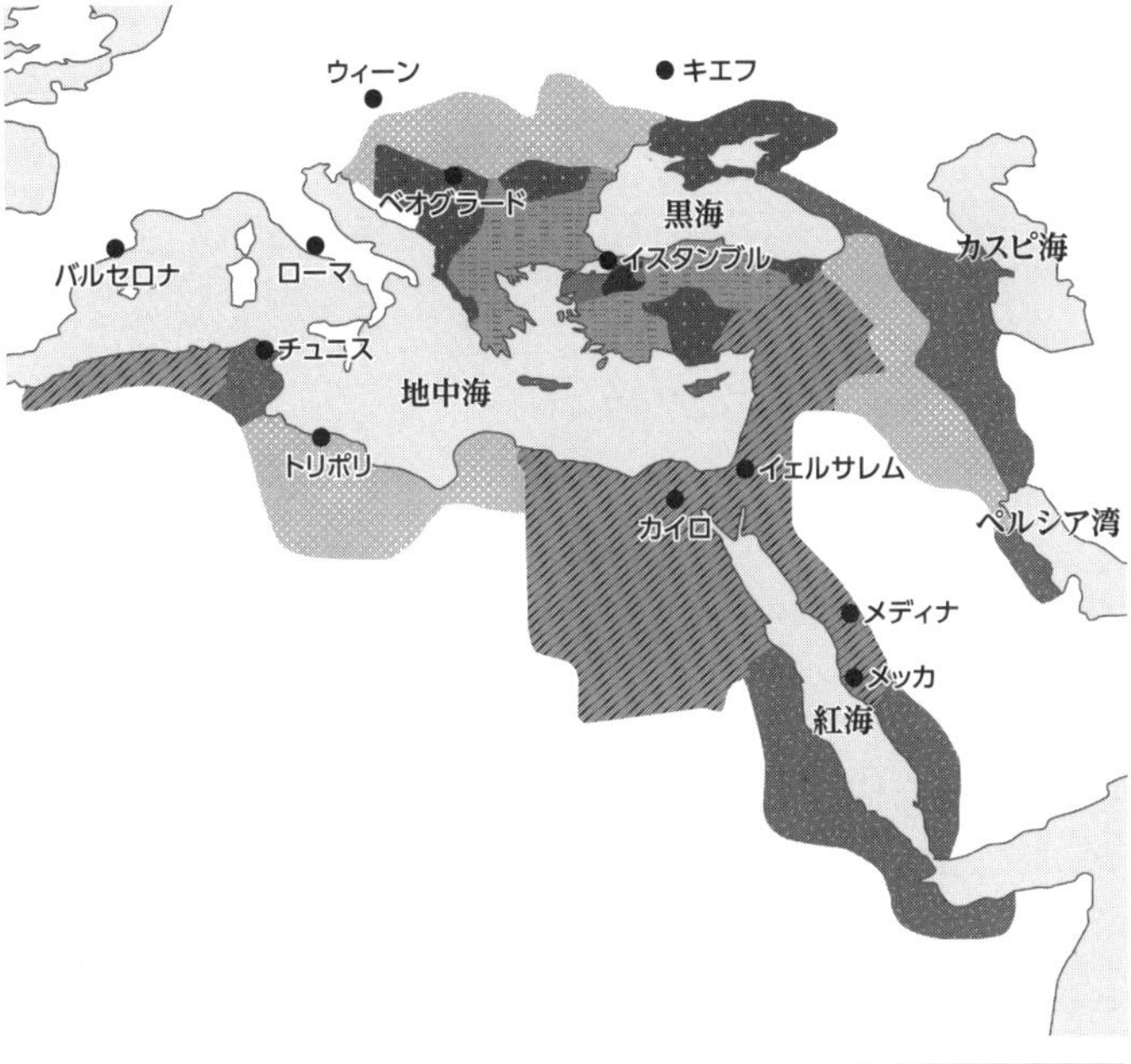

1300ころの領土	
1300～1359までに獲得	：オスマン１世、オルハンの治世
1359～1451までに獲得	：オルハン～ムラト２世までの治世
1451～1481までに獲得	：ムラト２世～メフメト２世までの治世
1512～1520までに獲得	：セリム１世の治世
1520～1566までに獲得	：スレイマン１世の治世
1566～1683までに獲得	：セリム２世～メフメト４世の治世

には安定がもどりました。

キョプリュリュの息子ファールズ＝アフメトも優れた人物で、オーストリアとの和議を成立させてクレタ島を獲得するなど領土を広げました。ウクライナをめぐってロシアと条約を結んだ1681年、メフメト4世がスルタンだったときにオスマン帝国の領土は史上最大になります。

2度目のウィーン包囲

ファールズ＝アフメトが亡くなると、キョプリュリュ家のカラ＝ムスタファ＝パシャが大宰相となりました。彼はオスマン帝国の領土をさらに拡大するため、1683年にスレイマン大帝以来のウィーン包囲を決断します（第二次ウィーン包囲）。

はじめはオスマン軍が優勢で、ウィーンの城壁を陥落さ

そのころ、日本では？

江戸幕府第5代将軍徳川綱吉の「生類憐《しょうるいあわ》れみの令」がいつから始まったかには諸説ありますが、1685（貞享《じょうきょう》2）年7月とする見方が有力です。当初は「将軍の歩く道に犬や猫がいてもかまわない」という内容でしたが、しだいに死刑を伴う極端な動物愛護令へと変質していきました。

せかけました。しかし、オーストリアへの援軍に駆《か》けつけたポーランド軍などに惨敗《ざんぱい》しました。これ以降、オスマン帝国から戦争をしかけることはほとんどなくなり、帝国を守るための戦争が中心になります。

オスマン帝国がウィーン包囲に失敗したあと、オーストリア、ポーランド、ヴェネツィア、ロシアが「神聖同盟」を結びました。オスマン帝国はこの神聖同盟との16年間にわたる長い戦争を始めます。この過程で、オーストリアがハンガリーのブダやベオグラードをとりもどし、ヴェネツィアがペロポネソス半島を獲得しました。

1699年にカルロヴィッツ条約が結ばれ、戦争は終わります。この条約で、オスマン帝国によるハンガリー支配が終わりました。さらにトランシルバニア（現在のルーマニア）はオーストリア支配下に入り、バルカン半島の西部、クロアチア地方のアドリア海沿岸はヴェネツィアとオーストリアが支配します。

この戦争の間、メフメト4世はエディルネで過ごし、イスタンブルの市民の不満を買っていました。ハレムを中心に消費される物品の購入がなくなり、経済が低迷したためです。イスタンブルの市民とイェニチェリは、メフメト4世へ圧力をかけて退位させました。

このあと、メフメト4世はトプカプ宮殿に幽閉《ゆうへい》され、そこで生涯を終えました。なお、その後のスルタンもエディルネで過ごすようになります。

イェニチェリが変わる

戦争が続いた17世紀になると、イェニチェリに変化が起こっていました。そもそもイェニチェリはデヴシルメによって集められた非イスラム教徒の青年たちが中心になっていましたが、このころになるとイェニチェリの一族からの軍団参加者が増え、さらに非正規兵だった農民などのさまざまな人々が参加するようになります。イェニチェリの数は、16世紀のはじめ、その数は8000人あまり、スレイマン大帝の時代でも1万数千人でしたが、17世紀になると4万7000人にもなっていました。

イェニチェリには、多くの特権があったために、イスラム教徒もイェニチェリになりはじめます。イェニチェリは軍団の兵舎などで生活することになっていたのですが、街中で生活する者も出てきました。彼らには副業などが許されるようになり、都市のギルドの一員となりさまざまな職業に従事します。

また、徴税請負を行う者も出てきました。そして18世紀にはイェニチェリの肩書きをもっていながら、本来の軍役を離れ、地方で力をもつ者も現れます。

スルタン、イスタンブルにもどる

第二次ウィーン包囲の失敗により、オスマン帝国の軍事的拡大策に陰《かげ》りがみえてきます。増税など大きな負担が生まれるため、都市の住民などが戦争を避けたがるようになり、加えて多くの人々が高官の不正も問題視していました。

1703年、グルジア（ジョージア）地方に派遣される予定の兵士たちが、給料の未払いに対して反乱を起こしました。これを受けて、イェニチェリやウラマー、都市の有産者たちも、当時のスルタンだったムスタファ2世やウラマーの最高職だったフェイズッラーの退位を求めました。ムスタファ2世は要求を受け入れて、退位します。

この反乱は権力者の不正への不満が爆発したもので、このとき団結した反乱勢力は、目的達成とともにそれぞれの生活にもどりました。

一方、当時のスルタンはエディルネに住んでいましたが、アフメト3世はイスタンブルの商人たちの要求を聞き入れ、エディルネで建設途中の宮殿を壊してイスタンブルにもどります。これを受けて、大宰相のイブラヒム＝パシャはスルタンがイスタンブルに復帰したことを祝うセレモニーを行い、新しく都市の再開発を始めました。この建設作業などの経済効果で、経済や社会も安定します。

18世紀前半、スルタンを筆頭に、高級官僚や大商人を中心に庶民生活にも娯楽《ごらく》がありました。人々は景色に恵まれた場所に別荘を建て、そこでしばしば宴会《えんかい》を楽しみます。

このころ、フランス宮廷との交流もさかんで、その洗練された文化が積極的に導入されました。チューリップは中央アジア原産で中東を経由してヨーロッパにもたらされた

ものですが、それが逆輸入されます。

これがオスマン帝国の庶民にも愛され、オスマン帝国の繁栄期を象徴《しょうちょう》したため、「チューリップ時代」とも呼ばれます。ちなみに、チューリップの語源は「トルコのターバン」という意味の「チューリパ」という単語だという説があります。

西欧の文化をとり入れよう

18世紀初頭、ロシア皇帝のピョートル1世がバルト海への進出を図り、スウェーデンと戦いました（北方戦争）。このとき、敗れたスウェーデン王のカール12世がオスマン帝国に亡命してきます。オスマン帝国はスウェーデンに協力して参戦し、ピョートルを破ってアゾフ海地域の領土を回復しました。続いてオーストリアとも戦いますが、苦戦します。そして1718年のパサロヴィッツ条約で、セルビアの北部などを失いました。

このあと、オスマン帝国は、積極的に西欧の芸術や学問の導入を図るようになります。指導者たちは、オーストリアやロシア、ポーランド、さらにはフランスやスウェーデンやプロイセンなどに使節を送りました。ヨーロッパ諸国から有用な知識を学ぼうとする態度は、それまでのイスラム世界の頂点に君臨してきたオスマン帝国の姿勢を大きく変えていきます。

また１７３０年には、イランへの遠征のために集まった軍隊が、派遣されることへの不満から反乱を起こします。当時の大宰相ネヴシェヒルリの長期政権への不満も大きく、反乱軍はネヴシェヒルリを処刑し、スルタンも退位させました。これ以降、大宰相は頻《ひん》繁《ぱん》に交代します。

外は戦争、内は繁栄

18世紀、イランではサファヴィー朝からアフシャール朝への王朝交代があったものの、オスマン帝国との対立は続いていました。オスマン帝国は、オーストリアだけではなくロシアとも対立します。18世紀後半になると、エカチェリーナ2世が黒海方面へも積極的に進出するようになったためでした。

オスマン帝国の指導者たちはヨーロッパ諸国で行われている外交術を学び、単独で戦うのではなくプロイセンなどの強国の力も利用します。その結果、１７３９年に結んだベオグラード条約ではそれまでに失っていたセルビアの支配権の回復に成功しました。

一方、国内ではオスマン帝国でも活版《かっぱん》印刷がさかんになり、辞書や地理書、歴史書などの印刷が行われるようになりました。印刷物が増えた結果、イスタンブルなどの都市には図書館も建設されるようになります。また、バロック建築様式の影響でオスマン＝バロックといわれる様式が生まれ、有名なモスクも建設されました。

このような繁栄の背景には、経済的豊かさがありました。この時代のオスマン帝国はヨーロッパに綿花やコーヒーを輸出しています。インドからは織物や香料などのぜいたく品が輸入され、官僚や商人などのお金持ちを中心に、都市の人々は豊かな生活を楽しみました。

革命への動き

ロシアで1762年に即位したエカチェリーナ2世が、ポーランドをめぐってオーストリアやプロイセンと対立し、さらに黒海方面への領土拡大のためオスマン帝国にも矛《ほこ》先《さき》を向けます。18世紀後半になると、オスマン帝国はロシアと戦うことになります。ロシアは、ポーランドの王位継承問題にオスマン帝国が介入するのをけん制するため、黒海西岸からドナウ川まで軍を進めます。これにオスマン帝国が反発し、1768年に開戦しました（露土戦争）。

オスマン軍は10〜15万、ロシア軍は4万と、オスマン軍のほうが有利かに思われました。しかし、このときのオスマン軍は、非正規の兵によって組織されたため、訓練不足でした。さらに、ロシア軍の夜襲《やしゅう》が成功したことなどが原因でオスマン帝国は大敗します。オスマン帝国は、各地の軍事拠点が占領されことで物資輸送も困難になり、1774年にキュチュク＝カイナルジ条約を調印しました。この条約で膨大な賠償金の支払いを要求されたほか、アゾフ海と黒海北岸の地を失い、オスマン帝国の保護下にあったクリミア＝ハン国の独立を許します。

1783年にはクリミア＝ハン国がロシアに併合され、1787年、オスマン帝国はロシア、オーストリアと開戦しました。

この戦争中の1789年、セリム3世がスルタンに即位しました。この年はフランス革命が起こった年で、戦っていたオーストリアやロシアはフランス革命の動向が無視で

1800年時点のオスマン帝国の領土

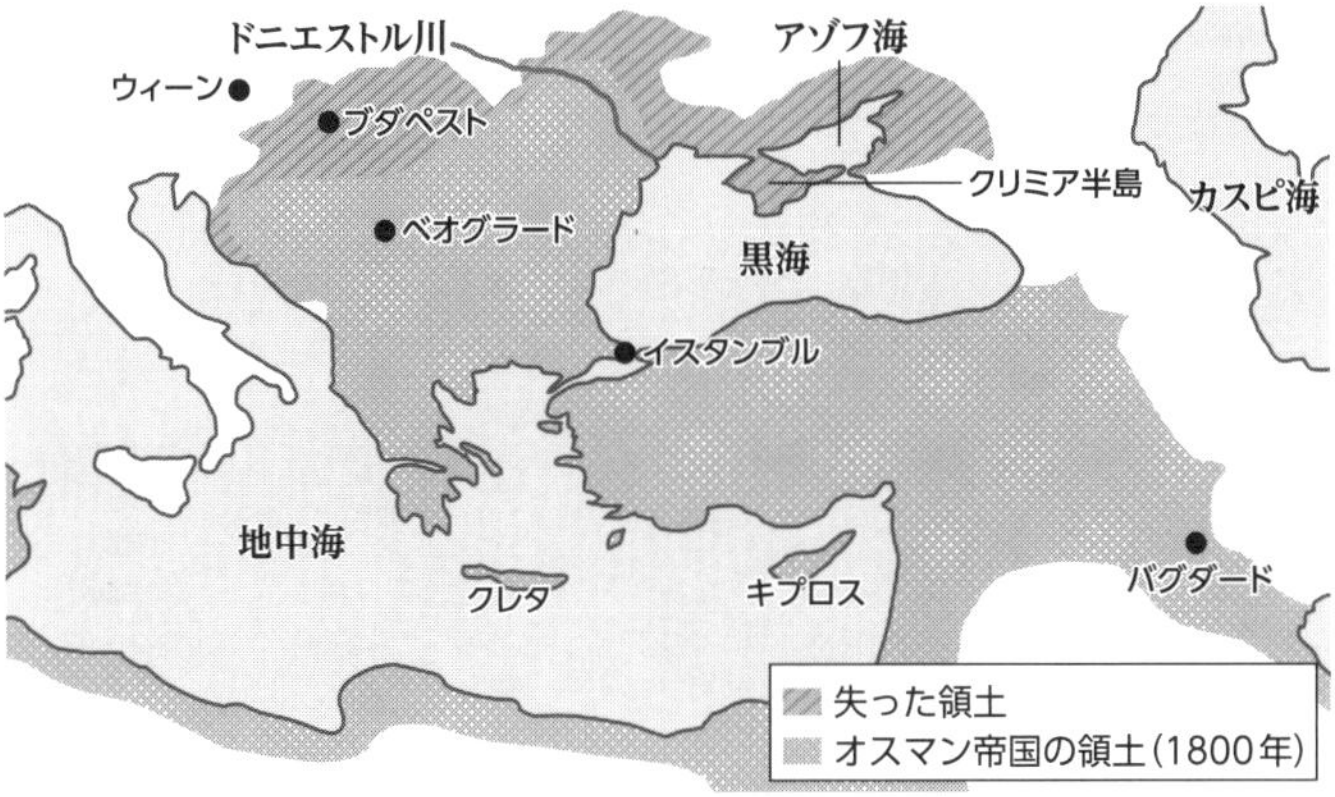

きなくなり、講和への動きが出てきます。こうして1792年に結ばれたヤッシー条約で、クリミア＝ハン国のロシア領有を認め、さらに黒海岸のロシアとオスマン帝国の境界がドニエストル川になりました。

そして、この敗北を受け入れたオスマン帝国では、改革への動きが出てきます。セリム3世は王子だったころ、フランスのルイ16世と手紙の交換を行ってフランスの国政を学んでおり、それをオスマン帝国の再興に役立てようとしていました。

ヨーロッパ諸国では政治、財政、軍事が相乗効果をもって機能する体制をつくり上げていたため、これを見習おうとしたのです。

ひみつコラム

トルコの料理

日本人にもなじみ深いトルコ料理

トルコ料理は、フランス料理、中国料理とならんで世界三大料理のひとつに数えられます。

トルコ人のルーツである中央アジアの料理をベースにしながら、バルカン半島や地中海、アラブ、北アフリカなど各地の民族の料理がとり入れられています。トルコは食料が豊かで、新鮮な野菜や果物《くだもの》、穀物《こくもつ》が簡単に手に入るうえ、羊肉や鶏肉《とりにく》も安いのです。また、海産物は、地中海、黒海、エーゲ海の3つの海でとれます。このような豊かな食文化と自然条件により、皇帝が食べる宮廷料理から、サンドイッチのような庶民料理までさまざまな料理が発展していきました。

もっとも有名なトルコ料理がケバブです。スパイスで味をつけた羊肉を野菜と一緒に串《くし》に刺して焼いた料理で、日本では大きな肉の塊《かたまり》をくるくる回転させて焼き、焼けた肉

トルコアイス

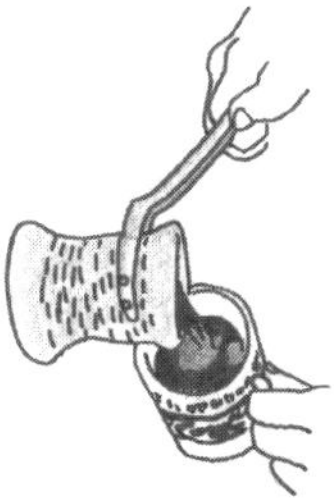

トルココーヒー

ケバブ

を薄くスライスしてパンに挟《はさ》んで食べる、ドネルケバブが有名です。

　デザートの種類も多く、もっとも知られているのはドンドゥルマと呼ばれるアイスクリームです。サーレップというラン科の植物の根を粉にしたものを入れているため、長くのびるのが特徴です。

　トルコ人はコーヒーも大好きで、一説によれば、世界初のコーヒー店ができたのはイスタンブルでした。トルコの伝統的なコーヒーのつくり方は独特で、お湯のなかに粉を入れてわかし、コップに注ぎます。粉が底に沈むまで待ち、その上澄《うわず》みを飲むのが一般的です。この伝統的なコーヒーは、ユネスコの世界無形文化遺産に登録されています。

知れば知るほどおもしろいトルコの偉人⑤

オスマン帝国を代表する大旅行家

エヴリヤ＝チェレビ

Evliya Çelebi

（1611～1688ごろ）

当時の地方社会がわかる重要な旅行記を残す

イスタンブルで宮廷の金細工《きんさいく》職人の父とアフメト1世に捧《ささ》げられた女奴隷の母のもとに生まれたエヴリヤ＝チェレビは、幼いころから宮廷内で教育を受けましたが、しだいに外の世界に興味をもつようになります。1640年にはじめてブルサに旅行したことをきっかけに、地方遠征への参加などでオスマン帝国各地を訪れました。

さらにペルシア、オーストリア、スウェーデン、オランダなども訪れ、その都度、旅行記を書き記します。1671年にメッカ巡礼を終えた彼はエジプトに滞在し、そこからスーダンやエチオピアを旅行し、約10年エジプトに滞在し、全10巻の旅行記を仕上げました。彼は半世紀近く旅行を続け、土地の歴史や人々の会話を旅行記にまとめることに生涯を費やします。彼の旅行記は読者の興味を引くための誇張《こちょう》表現があるものの、17世紀の地方社会を知るうえで重要な資料となっています。

chapter 6

タンジマートの時代

新体制VSイェニチェリ

ロシアとの戦争の終結後、セリム3世はすぐに改革を行います。その際、セリム3世は高官たちに改革の意見書を求めただけでなく、外国に大使館を設置し、そこに派遣した大使たちから情報も集めました。

そして1793年、ヨーロッパ風の軍事訓練が施《ほどこ》した「ニザーム＝ジェディード」という軍団が創設されます。ニザーム＝ジェディードとは、「新体制」という意味です。制服や武器などが近代化され、主な兵は、アナトリアの農民でした。

この軍団は、イギリスとインドの通商路を遮断《しゃだん》するためエジプトに遠征してきたナポレオン軍と戦い、シリアのアクレの攻防戦で勝利します。こうして、ニザーム＝ジェディードへの期待は大きくなりました。

しかし、ニザーム＝ジェディードは、これまでのオスマン帝国軍の中核であったイェニチェリと対立します。この時代、イェニチェリは、軍人というより、都市の有力者に近い存在になっていました。

1806年にはこの対立が暴動化し、セリム3世の改革に批判的だった官僚たちが反発します。改革の難しさを認識したセリム3世は、ニザーム＝ジェディードに解散を命じざるを得なくなりました。結局、セリム3世の行った諸政策は失敗に終わりました。ただし、オスマン帝国に「改革」が必要であることは、オスマン帝国内の人々に認識されました。

ムハンマド常勝軍、発足

ニザーム＝ジェディードは廃止されたものの、イェニチェリに代わる新しい軍隊は必要でした。強力な軍隊を編成するための軍人は必要だったため、解雇された兵士たちは、各地のアーヤーン（有力者）のもとに集まっていました。そのひとりであるブルガリア領のアレムダールは、セリム3世の復位をめざし、3万人の兵士を連れ、イス

タンブルに入りました。

しかし、ムスタファ4世がすでにセリム3世を殺害していました。アレムダールはムスタファ4世からスルタンの位を奪い、ハレムに幽閉します。そして、彼の弟マフムト2世を即位させたのです。

マフムト2世によって大宰相に任命されたアレムダールは、ニザーム＝ジェディードの復活をめざしました。軍政の改革を推進した結果、イェニチェリはこの動きに反対します。そしてアレムダールはイェニチェリに襲われ、殺害されます。このため、イェニチェリを解体する動きはいちど失敗しました。

マフムト2世はこのあと、ニザーム＝ジェディードの復活に向けて動きます。まずマフムト2世は、イェニチェリを使ってアーヤーンを殺害し、財産を没収《ぼっしゅう》しました。この結果、1820年ごろには、バルカン半島やアナトリアにいたアーヤーンはすべて姿を消します。

次にマフムト2世は、イェニチェリの解体に取り組みました。マフムト2世は自身の腹心をイェニチェリ軍団の司令官に任命し、不満をもつ司令官などを地方へ異動させたり、制圧したりします。

そして1826年、マフムト2世は新しい軍団である「ムハンマド常勝軍」の創設を宣言しました。イェニチェリのなかから、マフムト2世を支持する者を中心に引き抜いて、軍に加えます。同年6月には、イスタンブルでイェニチェリがアフムト2世に対して反乱を起こしますが、ムハンマド常勝軍はそれを打ち破りました。このときのイェニチェリ兵士の死者は、6000人にもなったといわれます。

こうして、権力を安定させたマフムト2世は、帝国軍の体制全般の改革にも取り組みました。近代的な軍隊の整備や外交の近代化に力を入れ、オーストリアやドイツ、フランス、イギリスなどに向けて留学生を積極的に送り出します。

そのころ、日本では？

18世紀末から日本沿岸には外国船が頻繁に姿を現すようになります。当初、江戸幕府は船に薪《まき》と水をあたえて退去させる方針でしたが、1825（文政8）年に外国船を武力で追い払う「異国船打払令《いこくせんうちはらいれい》」を施行します。この法令はアヘン戦争での清の敗北を受けて撤廃《てっぱい》されました。

ナショナリズムの高まり

少し話をもどすと、18世紀末にヨーロッパではフランス革命、ナポレオン戦争が起こりました。その後、1815年にナポレオンが失脚すると、戦後の処理について話すためにウィーンで会議が開かれ、オスマン帝国も立会人の立場で参加します。

当時、オスマン帝国の支配下には、ギリシアをはじめ、バルカン半島の諸民族がいました。ナポレオン戦争は、多くの国にナショナリズム（愛国心）を意識させるきっかけとなり、とくにエジプトはオスマン帝国の支配を嫌いはじめます。

ナショナリズムが広がると支配下の国が特立を求めるため、オスマン帝国にとっては領土の縮小につながる可能性がありました。そのため、イギリス、フランス、ロシアは、オスマン帝国の支配下にあるギリシア、セルビア、エジプトなどの動きに注目します。

このなかで、1821年にギリシアがオスマン帝国から独立しようとしました（ギリシア独立戦争）。このころ、オスマン帝国ではイェニチェリがマフムト2世と対立しており、軍を派遣できませんでした。そのため、エジプト総督のムハンマド＝アリーという人物に鎮圧を命じました。この戦争にはロシアやイギリスが積極的に介入したため、1829年に独立が認められました。

エジプトの独立

ギリシアの独立の影響を受け、エジプトもオスマン帝国からの独立を要求します。当時はエジプト総督のムハンマド＝アリーがエジプト独自の改革に取り組んでいました。

エジプトの抱える最大の課題は、不安定な国庫でした。そこでムハンマド＝アリーは、エジプトでの徴税請負制を廃止します。そして新しく、土地の調査に基づいて税収の安定を図ります。また、イスラム教徒とキリスト教徒の差別のない軍隊を編成するなど、オスマン帝国では進まなかった改革も成功させていました。

そのころ、日本では？

1833（天保《てんぽう》4）年から始まった「天保の大飢饉《だいききん》」は、享保、天明年間の飢饉とともに「江戸時代の三大飢饉」に数えられています。数年にわたって異常気象が続き、冷害と長雨が東北地方を中心に大凶作をもたらしました。飢《う》えと疫病《えきびょう》で20～30万人が死亡したと見られています。

ムハンマド＝アリーは、ギリシア独立戦争に参加するかわりに、オスマン帝国にシリアを要求します。しかし、オスマン帝国はこれを拒否したため、1831年からエジプトとの戦争が始まりました。

オスマン帝国はこれを抑えるためロシアに支援を要請し、1833年に結ばれたウンキャル＝スケレッシー条約でロシアにボスポラス海峡とダーダネルス海峡の通行権を認めました。これに対して、ロシア艦隊が地中海に進出するのに危機感をもったイギリスが介入しました。

1840年にロンドンで開かれた列国会議で、ロンドン四国条約が結ばれてエジプトがシリアを返還しました。ムハンマド＝アリーが、オスマン帝国のスルタンに忠誠を誓いながらエジプトを世襲的に支配することを認められました。なお、1841年に海峡協定が結ばれ、ウンキャル＝スケレッシー条約は破棄《はき》されました。

国内改革の推進

セリム3世とマフムト2世によるヨーロッパをまねた近代化に向けた政策は、さらに進みます。たとえば、ウラマー（神学者・法学者）を除《のぞ》く全官僚の服装が洋装に改められ、ターバンをやめてトルコ帽《ぼう》（フェズ）が採用されました。1831年には、帝国が直接支配する地域で人口調査が行われます。それぞれの地方の有力者が握っていた徴税と徴兵のための情報を政府が引きつぐことになりました。

それまでイェニチェリやアーヤーンが果たしてきた役割は、政府の役人が行うようになり、政府が帝国の住民を直接支配できるようになりました。さらに資産や収入に関する調査も始まりますが、近代的な徴税システムの実現には至りません。これを実現させるため、官僚制度や人材育成のための学校制度の整備など、オスマン帝国はヨーロッパ諸国に負けないものをつくっていったのです。

ギュルハネ勅令

18世紀後半から19世紀前半まで、オスマン帝国はヨーロッパ各国と対等といえる立場でした。国内では、官僚制に支えられたスルタンを頂点に、新たな帝国の体制をめざす改革の方針が模索《もさく》されはじめます。

1839年、マフムト2世のあとを継いでアブデュル＝メジト1世が即位した際、改革派官僚の外務大臣ムスタファ＝レシト＝パシャがスルタンから全面的な信頼を得て、改革を進めていきます。彼は外交官時代、ヨーロッパの国際関係を研究し、大宰相などを務めました。

レシト＝パシャは、ギュルハネ勅令《ちょくれい》を発表します。その内容は、オスマン帝国内の住民をイスラム教・キリスト教などの宗教で差別しないこと、住人の生命・財産を保障すること、徴税請負人による勝手な徴収を認めないこと、平等に課税することなどでした。

また、スルタンやウラマーも法に従うことが明記されました。コーランを大前提にした宗教国家

から、近代的な立憲君主体制へ一歩を踏み出すことになりました。

タンジマートが始まる

ギュルハネ勅令に基づいて行われたいろいろな改革をまとめて「タンジマート（再秩序化）」といいます。新しい刑法の制定、地方の意見をまとめる州議会の設置、国の力の目安になる人口や土地などの調査、新しい徴税官の任命、わいろなどを防ぐために地方の官僚を有給制にすることなどが実行されます。

しかし、改革を急ぐと混乱が出てきます。まず、新しい官庁に配置するための官僚が確保できませんでした。そのため、退職していたアーヤーンなどが採用されますが、官僚になった人々は保守的で、改革には反対します。さらに、官僚たちは徴税請負制度も復活させてしまいました。

また、19世紀のヨーロッパは各国で産業革命が起こっており、機械を使って大量に生産された綿布などの安い品物がオスマン帝国に輸入されます。ロシアやイギリスなどに戦争で敗れているオスマン帝国は、外国の商人が要求した関税などでの特権を認めざるを得ませんでした。そのため、オスマン帝国内で生産される品物は価格でも太刀打ちできず、衰退していきます。

オスマン帝国は、食料品や鉱物など、ヨーロッパでも需要のある原料の輸出を行って利益を得ていました。しかし、それらの取引もイギリスやフランスに有利に行われており、オスマン帝国の経済の低迷は深刻さを増していきました。

聖地の管理権をめぐって

オスマン帝国の支配下にあったイェルサレムはイスラム教、ユダヤ教、キリスト教のいずれにとっても聖地でした。16世紀に、スペインを共通の敵としてオスマン帝国がフランスに接近した際、フランスはキリスト教に関連する聖墳墓教会（キリストの死と復活を記念する聖堂）などのある地域を保護し、安全を守る権利（管理権）を認められました。19世紀初頭、フランス革命による混乱のなかで、オスマン帝国はロシアと交渉し、ギリシア正教徒に管理権を認めさせていました。

1852年になって、オスマン帝国はフランスで権力を握ったルイ＝ナポレオン（ナポレオン3世）からその管理権を要求され、これを認めます。それに抗議したロシアがオスマン帝国に宣戦すると、フランスとイギリスがオスマン帝国を支援してロシアに宣

クリミア戦争

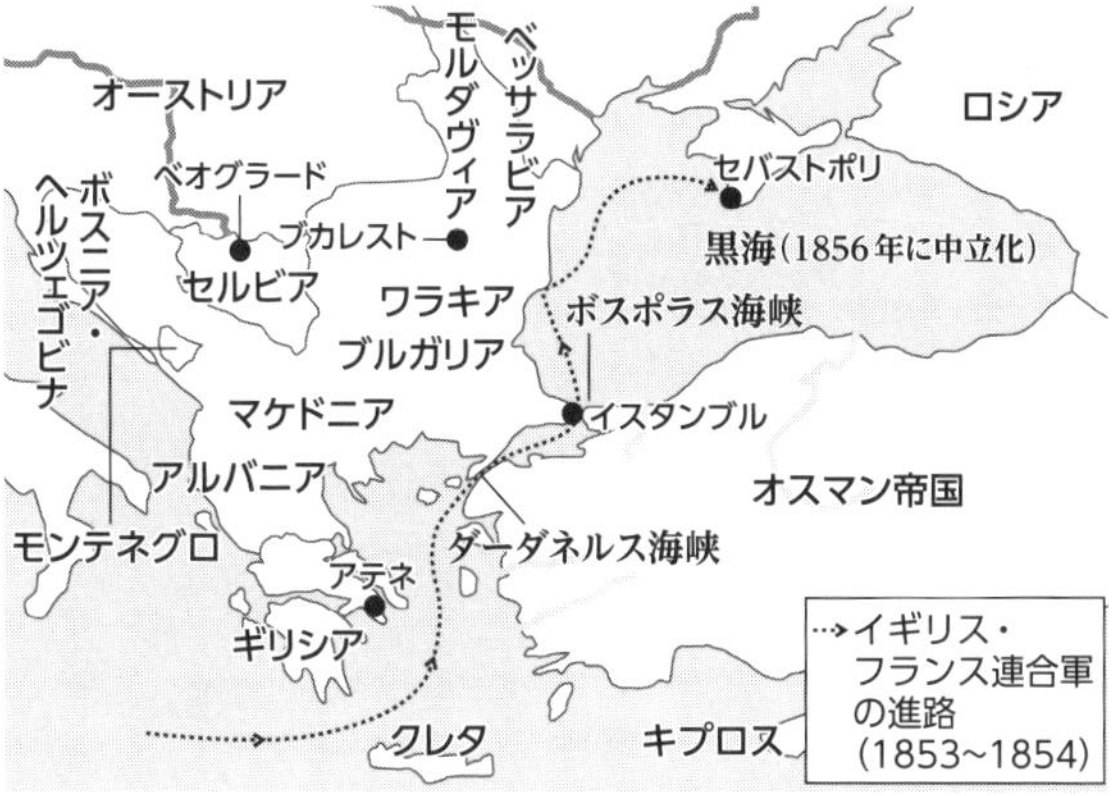

戦し、戦争が始まりました（クリミア戦争）。オスマン帝国、イギリス、フランス、サルデーニャとロシアとの間で行われます。セバストポリの戦いで双方に大きな犠牲を出し、最終的にロシアが降伏《こうふく》します。

　1856年、パリ条約が締結され、戦争は終わりました。この条約ではドナウ川の航行の自由や黒海の中立化、ルーマニア（当時のモルダヴィアとワラキア）の自治が認められます。オスマン帝国に対するロシアの脅威は弱まりますが、イギリスやフランスが本格的に進出してくるようになります。

引きつがれるタンジマート

１８５３年から１８５６年にかけて行われたクリミア戦争は、オスマン帝国の知識人たちを中心に改めて改革の必要性を認識させました。レシト＝パシャが始めたタンジマートは、ファト＝パシャやアーリー＝パシャが指導者として引きつぎます。

新しい改革勅令では、全臣民の生命・名誉・財産の保障の再確認、信仰の自由、州議会でのイスラム教徒・非イスラム教徒の代表選出方法の改善、非イスラム教徒の学校設立の承認、非イスラム教徒への差別的発言の禁止などがより具体的に提示されました。

法律と教育面の改革も行われます。土地法や新刑法、新商法、海事法などに加え、１８６９年から１８７６年にか

そのころ、日本では？

明治《めいじ》時代を迎えた日本では、「四民平等」の方針の下、従来の身分制度が廃止されています。1870（明治3）年には平民も苗字《みようじ》を使用することが許可され、のちに義務化されました。また1876（明治9）年には「廃刀令《はいとうれい》」が布告され、武士の時代は名実ともに終わりを告げました。

けて「民法典」が制定され、これが20世紀までのトルコ人の社会生活の規範となりました。土地法では一般の土地の私有を承認し、地主の所有権だけでなく、外国人による土地所有も認めます。

学校制度でも官僚養成学校の設立など、宗教教育がなくなりました。

一方、経済面ではヨーロッパ諸国の進出に太刀打《たちう》ちできずにいました。クリミア戦争時の外債《がいさい》発行に始まり、外国資本の流入を防ぐことができず、その返済などにより国家財政は破綻状態になっていきます。国内産業が低迷する状況で、農民や遊牧民が犠牲となりました。

新たなオスマン人、あらわる

タンジマートは「改革」でしたが、実際はトルコ財政を破綻させただけでなく、スルタンの専制を許し、都市の民や農民を苦しめる結果になります。この状況下で、新しい教育を受けた、新しいタイプの知識人や官僚が育っていました。彼らはフランス思想な「自由・祖国・立憲・平等」の考え方をもとに、反専制の立場を強めていきます。彼らはみずからを「新オスマン人」と名乗ります。

新オスマン人は立憲制の樹立をめざしました。スルタンの専制体制や農民たちを犠牲にした宮廷生活を批判します。また、露土戦争での敗北以降、ヨーロッパ諸国の植民地といってもいいような状況にあるオスマン帝国の現状から、外国企業への特権やカピチュレーションの廃止を訴えるようになります。彼らがめざしたのは、キリスト教徒など非イスラム教徒も同じ国民とすることでした。このような考え方を「オスマン主義」といいます。

アブデュル＝アジズはこのような動きを厳しく弾圧し、新オスマン人は海外への亡命を余儀《よぎ》なくされますが、1870年代になると運動はふたたび盛りあがり、保守派の官僚にもスルタンの専制を批判する者が出てきて、アブデュル＝アジズは退位し、自殺します。代わったムラト5世もなす術《すべ》もなく退位し、新しくアブデュル＝ハミト2世が即位しました。

この混乱のなか、ミドハト＝パシャが憲法草案を示します。そこにはイスラム教徒と非イスラム教徒の完全な平等の実現、非イスラム教徒を国家官職に登用すること、宗教的比例代表制の議会の開設、責任内閣制、出版と言論の自由などが書かれており、一般民衆はこれを支持します。アブデュル＝ハミト2世もこれを認め、1876年12月末、新憲法が発布されました。

しかしアブデュル＝ハミト2世は憲法発布に際して、条文のなかに「スルタンの大権」を挿《そう》入《にゅう》し、憲法の停止などの権限を改革派に認めさせていたのです。

1877年3月、上院、下院からなる議会が開催されました。ところがアブデュル＝ハミトはスルタンの「大権」を利用して大宰相のミドハト＝パシャを追放したため、ミドハト＝パシャ

に反対していた保守派が政権を掌握《しょうあく》します。

露土戦争、勃発

保守派に有利な憲法が制定されたものの、バルカン半島ではキリスト教徒の農民たちがイスラム教徒の地主の支配に不満を大きくし、反乱を起こすようになります。

1876年、ブルガリア人が帝国支配に反乱を起こしました。スルタンはこの反乱を厳しく弾圧します。ブルガリア人への弾圧を口実に、ロシアに続きイギリスとフランスも干渉しました。ロシアのアレクサンドル2世は、この機会を利用して南下政策を再開し、バルカン半島のスラブ系民族を支援するという名目で1877年4月、オスマン帝国に宣戦しました（露土戦争）。

イギリスは戦争による国際関係の変化を嫌い、ロシアに警告しました。しかしロシアはアナトリア東部やバルカン半島に侵入し、各地でオスマン帝国軍を破りました。1878年、イスタンブル近郊のサン＝ステファノで条約が結ばれ、オスマン帝国の支配下だったセルビアの独立、ブルガリアの自治権などが認められました。

露土戦争におけるオスマン帝国とロシアの関係

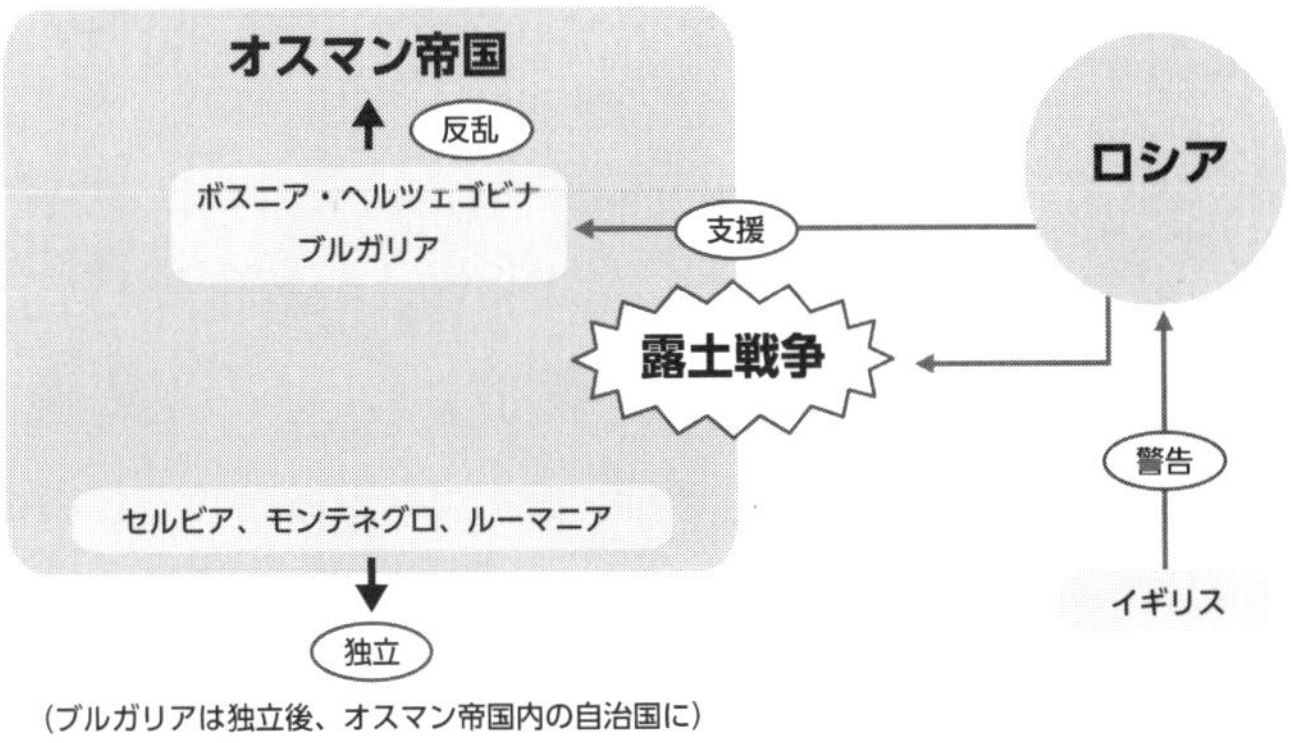

イギリスやオーストリアがこの内容に反発したため、ドイツのビスマルクが主導して、ベルリン条約が結ばれました。この結果、ブルガリアはオスマン帝国内の自治国となり、ロシアの南下政策は失敗に終わりました。

戦時中の議会は大混乱!

露土戦争の最中、議会内では意外な展開がありました。地方の州議会の代表議員で構成される下院では官僚機構が整備され、中央への権力の集中と、それによる地方行政の圧迫、役人の不正などを批判する声が大きくなります。

また、生活が苦しくなっている民衆の不満も高まっていました。

さらに当時のスルタンだったアブデュル＝ハミト2世や政府高官が外国勢力と癒着《ゆちゃく》していることへの批判などが噴出《ふんしゅつ》し、議会は大混乱になります。1878年1月、ロシア軍が首都に迫り、さらに不利な条約を結ばされそうな状況で、アブデュル＝ハミト2世はふたたび「大権」を使って議会を解散し、憲法を停止しました。スルタンによる専制体制が復活したのです。

アブデュル＝ハミト2世は、帝国を再建するきっかけを世界のイスラム教徒が協力しようという「汎《はん》イスラム主義」という思想に求めました。イスラム世界の国々の苦しみは、オスマン帝国に限らず、イランでもインドでもエジプトでも同様でした。

そんななか、当時のイスラム教世界で代表的な反帝国主義の思想家だったアフガーニーは、イスラム世界が団結して列強《れっきょう》と戦うことを呼びかけています。アブデュル＝ハミト2世も彼をイスタンブルに招きますが、これはイスラム世界の中心に立つ者としてスルタン＝カリフである自身の権威付けをするためでした。

理念と目的の相違《そうい》により、両者は対立するようになり、最終的にアフガーニーは幽閉され、そこで亡くなります。

なくならない赤字

スルタン専制体制の下、外国からの資本の導入が進みました。それはオスマン帝国の経済を豊かにするのではなく、外国人たちばかりが利益を奪う結果となります。

そして1881年には、列強が「オスマン債務管理局」をつくり、オスマン帝国の財政を直接管理しました。これによってヨーロッパからの投資が生まれた結果、鉄道の建設が行われ、たばこや綿花や果物などの生産の増加につながります。

しかし、その利益はすべて帝国の赤字の決済や軍事費に使われ、トルコ内で新しい産業が興《おこ》ることはなく、民衆の生活は改善しませんでした。

そのころ、日本では？

1887（明治20）年に行われた小松宮彰仁親王《こまつのみやあきひと》のイスタンブル訪問の返礼として、オスマン帝国は日本に使節団を送ります。しかし軍艦エルトゥールル号は台風により和歌山県沖で沈没。多くの死者を出しましたが、救助活動に尽力した日本との間には友好関係が築かれました。

知れば知るほどおもしろいトルコの偉人⑥

帝国の近代的な文化政策を担った画家

オスマン=ハムディ

Osman Hamdi

(1842 ~ 1910)

近代的な考古学や美術に関する制度を整備した

オスマン=ハムディは、オスマン帝国の官僚である父のもとに生まれ、国を背負って立つ人材になることを期待され、パリに留学しました。しかし、パリで芸術にのめりこみ、絵の勉強ばかりします。画家になることは父から強い反対を受け、帰国させられ官僚の仕事を始めるも、1878年に画家をめざして仕事を辞めてしまいます。

しかし、政府の命令で1881年に帝国博物館の館長に就任すると、帝国各地に埋《うず》もれていた古代遺跡の発掘と管理に手腕を発揮しました。また、ヨーロッパ人の考古学者による遺物の国外持ち出しを規制する法律も制定します。ハムディは芸術家の育成にも力を入れ、1882年に開校したオスマン芸術学校の校長にも就任しました。自身も優れた画家であり、文化や芸術の仕事をしながらも絵を描き続け、トルコを代表する近代画家として高い評価を受けています。

chapter 7

トルコ共和国の成立

進歩のための秘密結社

19世紀の終わりごろ、イスタンブル帝国軍医学校の学生たち4人が秘密結社を組織し、「統一と進歩委員会」を名乗るようになります。賛同者を集めながら、サロニカ（現在のギリシャ北部にある都市）を中心にスルタン専制体制に反対する活動をしていました。しかしアブデュル＝ハミト2世のスパイに見つかり、弾圧を受けたため、活動の舞台を海外に移します。

彼らとは別に、オスマン帝国の宮廷で西欧思想《せいおうしそう》を学びながら、専制体制を批判し、スルタンの弾圧を受け、パリなどに亡命して活動を行っていた「新オスマン人」も、これに合流しました。彼らは「青年トルコ」と呼ばれるようになります。

青年トルコの中心は、トルコ人イスラム教徒の知識人や青年将校、官僚、技師たちでした。ただし、トルコ人ではないクルド人やアルメニア人なども参加しています。このため、運動の一貫した方針を打ち出すことができず、トルコ人を中心にした中央集権的な体制をめざす派閥《はばつ》と、帝国内の多くの民族の融和《ゆうわ》を主張する地方分権派の対立が目立つようになりました。それでも、帝国体制は維持しつつ専制政治を打倒して、憲法と議会を基盤にした国家建設を考えていた点は共通していました。

青年トルコ革命！

1905年、日露戦争における日本の勝利と、ロシアで起きた革命（血の日曜日事件から始まるツァーリ専制体制の動揺）の影響で、ロシアの圧力に苦しんできたオスマン帝国はもちろん、その他の国のナショナリズムも刺激されます。

オスマン帝国では、マケドニアをめぐって、バルカン半島の諸民族のゲリラ活動が活発化しました。このとき、マケドニア南部のサロニカに拠点を置いていたオスマン帝国第三軍の青年将校たちのなかにも、「進歩と統一委員会」を支持する人物が出てきます。そのひとりがエンヴェル＝パシャでした。

1908年、ロシアとイギリスがオスマン帝国の分割について会談しているという情報が入ると、エンヴェル＝パシャらは第三軍の実権を握《にぎ》り、アブデュル＝ハミト2世に憲法の復活を強く申し入れます（青年トルコ革命、またはサロニカ革命）。

アブデュル＝ハミト2世はこれを承認《しょうにん》し、ミドハト憲法を復活させ、第二次立憲体制が成立しました。

オスマン帝国内が混乱するなか、それに乗じた周辺国家によって、領土が大きく変更させられました。自治を認められていたブルガリアが完全独立を宣言し、ボスニア＝ヘルツェゴビナはオーストリアが併合し、クレタ島はギリシアとの統合を宣言します。オスマン帝国内のキリスト教徒の利害を代弁《だいべん》する議員たちの発言力も大きくなってきました。

3月31日事件

政治的危機が続くなか、危機感をもった保守的な宗教的右派勢力も勢力を伸ばしてきます。1909年、その勢力の扇動もありイスタンブルの兵隊が、「統一と進歩委員会」の要人を殺害しました。これを3月31日事件といいます。このような革命に反対する動きに対し、「統一と進歩委員会」は軍を派遣して、鎮圧します。さらにアブデュル

＝ハミト2世の退位を要求すると、老齢《ろうれい》のメフメト5世が即位させられ、スルタンの政治力は大きく低下しました。

「統一と進歩委員会」内では、多くの領土を失ったことで地方分権派が政権から追われ、中央集権派が実権を握りました。帝国内の諸民族の融和を図る「オスマン主義」の考え方は影響力を失い、非トルコ人への圧迫が強化されていきます。

一方、西欧の近代思想とイスラムの価値観の融合《ゆうごう》を考えていたイスラム教改革派の知識人は、イスラム教の保守的な勢力が起こした事件によって打撃を受け、信仰を重視するより世俗的な立場を強めようとしました。また、民衆はイスラム教を前提にした国家を期待します。このような知識人たちと民衆の間で、宗教をめぐる対立も起こりました。

失われていく領土

サロニカ革命や3月31日事件の余波《よは》が残るなか、イタリアが1911年、オスマン帝国に宣戦《せんせん》しました。戦争の結果、オスマン帝国は北アフリカにあるトリポリとキレナイカ（リビアの北部）を失います。さらに1912年、セルビア、モンテネグロ、ブルガ

バルカン戦争後のオスマン帝国領

リア、ギリシアがバルカン同盟を結成し、オスマン帝国と開戦しました（第1次バルカン戦争）。これにも敗れたオスマン帝国は、イスタンブルを除くヨーロッパ側のほとんどの領土を失います。

ところが、マケドニアの分割をめぐり、勝利した国々が対立しました。

オスマン帝国はセルビア、ギリシア・ルーマニアに加わり、ブルガリアと戦います（第2次バルカン戦争）。オスマン帝国はこれに勝利して領土の一部を回復しました。

一連の戦争の結果、セルビアは同じスラブ系民族のロシアの支援を得て、スラブ系民族の住むボスニアなどを支配しているオーストリアとの対立を深めます。オスマン帝国とブルガリアは、セルビアに対する不満を大きくしていき、最終的にはロシアと対立しているオーストリアやドイツに接近しました。

「三頭独裁」のはずが

ドイツやイギリスなど列強の進出で混乱しているなか、オスマン帝国内では外国への反発から、トルコ中心主義の傾向を強める「統一と進歩委員会」への風当たりが強くなってきます。1912年に成立した内閣に対し、1913年、エンヴェル＝パシャ、タラート＝パシャ、ジェマール＝パシャの3人の青年将校がクーデターで権力を握り、「三頭独裁体制」を樹立しました。ただ、三頭独裁とはいうものの、実質はエンヴェル＝パシャの独裁政権でした。

エンヴェル＝パシャは、かつてドイツの駐在武官《ちゅうざいぶかん》も務めたことのある親独派として知られます。また、イスラム世界の統一をめざす汎《はん》イスラム主義と、トルコ人の団結をめざす汎トルコ主義を理想としていました。第一次世界大戦が始まると、エンヴェル＝パシャは、オスマン帝国の領土を狙うイギリス、フランス、ロシアと対立しているドイツ側で参戦します。

第一次世界大戦時のオスマン帝国

オーストリア皇太子夫妻がセルビアの愛国青年に暗殺されたサラエボ事件を機に、第一次世界大戦が始まります。

バルカン戦争で国力を使い果たしていたオスマン帝国は、極力参戦を避けようとしました。しかし、ドイツ政府からロシアへの攻撃を強く要請されたため、1914年10月28日、オスマン艦隊が黒海にあるロシア軍の要塞を攻撃しました。

こうしてドイツ、オーストリア、イタリアの三国同盟側で参戦したオスマン帝国に対し、ロシア、イギリス、フランスが宣戦します。トルコ国内は戦場となり、トルコ領の分割をめぐる3国の帝国主義的外交が展開されました。

東部アナトリアではエンヴェル＝パシャが指揮をとったものの、ロシアに大敗しました。また、シリアやエジプトなどのアラブ人が多く住む地域ではイギリスと戦います。この地域ではジェマール＝パシャが作戦を指導しますが、敗北が続きました。ドイツ人将校の指揮する部隊が善戦していたため、イギリスは兵員を増強してバグダードを占領しました。ロシアやイギリスに敗れたオスマン帝国は、シリア、イラク、アラビア半島などのアラブ人居住地域をすべて失います。

このとき、イギリス人情報将校T＝E＝ロレンスの指揮するアラブ人が、トルコ人へ反乱を起こしています。同じイスラム教徒であるアラブ人の反乱は、みずからをイスラム世界の中心であると信じていたスルタンにとって大きな衝撃になりました。この反乱を抑えられず、オスマン軍は撤退します。

3C対3B

第一次世界大戦中、オスマン帝国領だった西アジアでは、イギリスが3C政策（カイロ、カルカッタ、ケープ植民地の頭文字をとったもの。アジア、アフリカへの進出政策のこと）を推進します。これはドイツの3B政策（ベルリン、ビザンティウム、バグダードの頭文字。ビザンティウムはイスタンブルの旧名。ドイツの中東政策）に対抗するものでした。

サイクス＝ピコ協定による分割

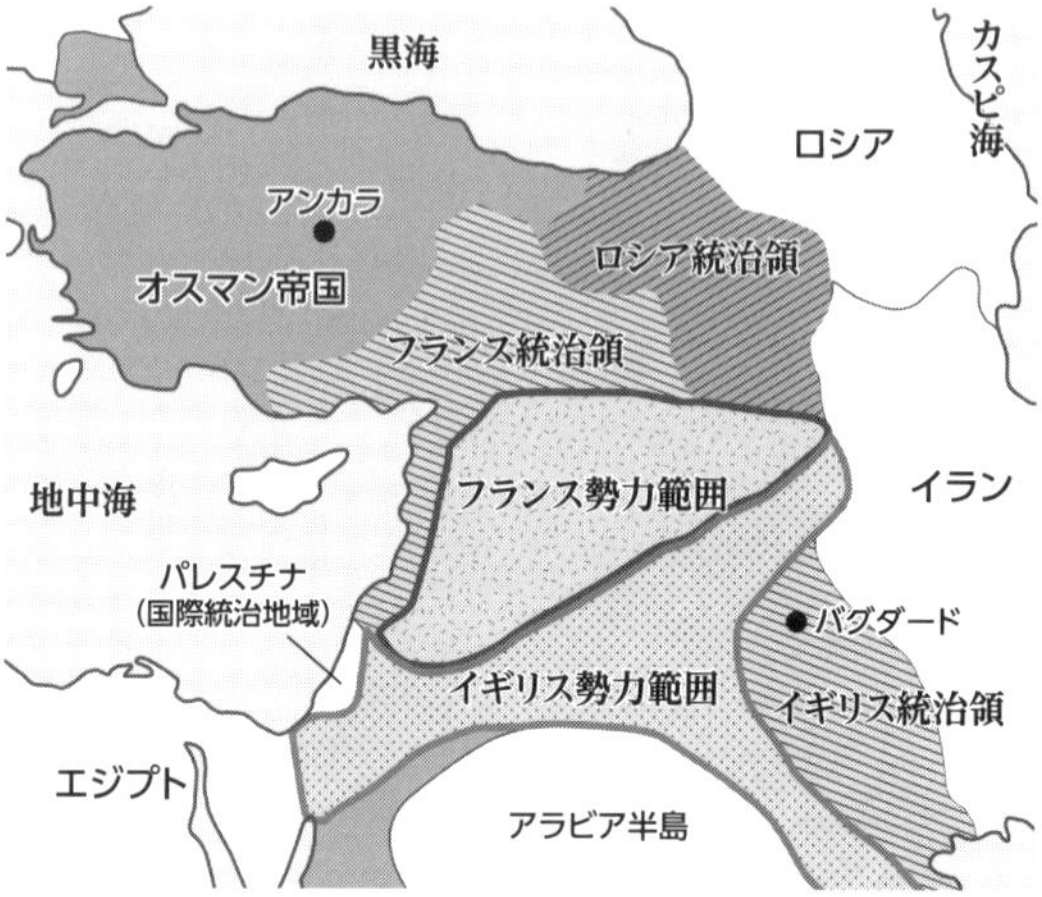

1915年、イギリスはオスマン支配下にあるアラブ人の独立支援のため、フサイン＝マクマホン協定を発表しました。翌年にはフランス、ロシアと、戦後の西アジアの分割を約束するサイクス＝ピコ協定を結びました。

さらに1917年にはユダヤ人の協力を得るため、イギリスが戦後、彼らの国家の建設を約束します（バルフォア宣言）。

サイクス＝ピコ協定では3国がオスマン帝国領のイラクとシリアの分割、およびイギリスとフランスによるパレスチナの共同管理を決めていました。この密約ともいえる協定は1917年、ロシアで革命が起こった際に、その革命政権によって明らかにされます。

連合国に占領される

オスマン帝国において、戦争で疲弊《ひへい》していたのは、中央政府や軍隊だけではありませんでした。軍隊を脱走《だっそう》した兵士のほか、困窮した農民や遊牧民なども各地で略奪をくり返し、社会全体に無政府状態が広がっていきました。一般民衆はこの状況を招いた政府への不満を高めます。

戦争を指導したエンヴェル＝パシャなどの三頭独裁に代わり、休戦派を主張するイッゼト＝パシャ内閣が組織され、1918年10月、エーゲ海のレムノス島に停泊《ていはく》するイギリスの軍艦上で、ムドロス休戦協定が結ばれました。

この協定により、オスマン帝国は連合国の軍事占領下におかれました。イギリスを中心にフランスやイタリア軍、総勢11万人近い連合軍が進駐《しんちゅう》し、その実際は植民地のように分割されました。エンヴェル＝パシャなどの指導者は、休戦協定の数日後にドイツに亡命します。

議会では、それまで自由に発言できていなかった政治団体が、戦争責任を追及《ついきゅう》しながら「統一と進歩委員会」への報復《ほうふく》を声高《こわだか》に叫《さけ》んでいました。混乱を続ける政府と議会に、不満をもつ勢力も増えてきます。

一方、オスマン帝国領内のギリシア人やアルメニア人、クルド人など非トルコ系民族は、独立した国家建設に向けて動きました。1919年5月、ギリシア軍は、アルメニア西部のイズミル地方に上陸しました。この事件がトルコ人の危機感を増幅させます。非トルコ系民族はトルコ人の占領に対して、さまざまな抵抗組織をつくりました。オスマン帝国が直接占領している地域では、パルチザン（熱心な政党員や政党支持者）による反抗運動が展開されるようになります。

ケマルの登場

アナトリアの西部や南東部で展開されていたゲリラ活動に対し、北東部アナトリアでもパルチザンによる活動が始まります。その指導者のひとりが、ムスタファ＝ケマル＝パシャでした。

サロニカの貧しい家庭に生まれた彼は、出世コースになる軍人の道を進みます。イスタンブルの陸軍大学時代に専制体制に反対する立場を強め、卒業後、ダマスカスの騎兵連隊に配属されると、秘密結社「祖国と自由」を結成しました。サロニカでは「統一と進歩委員会」に参加します。

１９０８年の革命後、彼はバルカン戦争など軍隊で実戦を経験し、第一次世界大戦でイギリス軍のガリポリ上陸作戦を撃退、国民的英雄となります。戦後、イスタンブル政府（スルタン政府）との決別を決め、１９１９年にアナトリア北東部へ軍隊の監察官として派遣された際、祖国の統一と独立のため、イスタンブル政府に国民議会の開催を呼びかけました（アマスィア宣言）。

連合軍とイスタンブル政府がケマルの行動を批判すると、ケマルは軍をやめ、民間人として活動する決意をします。ケマルはイスタンブル政府の兵士を攻撃し、各地のパルチザンと連携しました。ケマルによって、トルコ人の祖国解放運動はひとつのまとまりをもちます。

ケマルを中心にした動きはイスタンブル政府で過半数を占めたケマル派の議員たちが、主権国家を打ち立てるための祖国解放闘争の原則を発表します。

これに対し、連合軍はイスタンブルを占領して議会を解散し、ケマル派の議員を逮捕《たいほ》しました。反発したケマルはアナトリアのイギリス人将校を逮捕すると、さらに世界のイスラム教徒に国土回復のジハードを行うことを訴《うった》えました。

イスタンブル政府側はこれを鎮圧するため、イギリス軍の支援を得て「カリフ擁護軍」を組織します。

対するケマルの側でも、イスラム法に照らし、みずからの立場が正当であることを主張するため、1920年4月に革命政権が樹立されました。すると、革命政権とイスタンブル政府の戦闘が始まります。

領土が約3分の1に⁉

内乱が続くなか、トルコは連合国と、1920年8月にセーブル条約を結びます。この条約で、トルコの領土はイスタンブルの周辺以外では、アナトリア半島北部の約3分の1に縮小されました。アナトリア半島南部をはじめとして、領土がイギリス、フランス、イタリアのほか、ギリシア、アルメニア（新興独立国）やクルド人自治区などに分

セーブル条約によるオスマン帝国領の分割

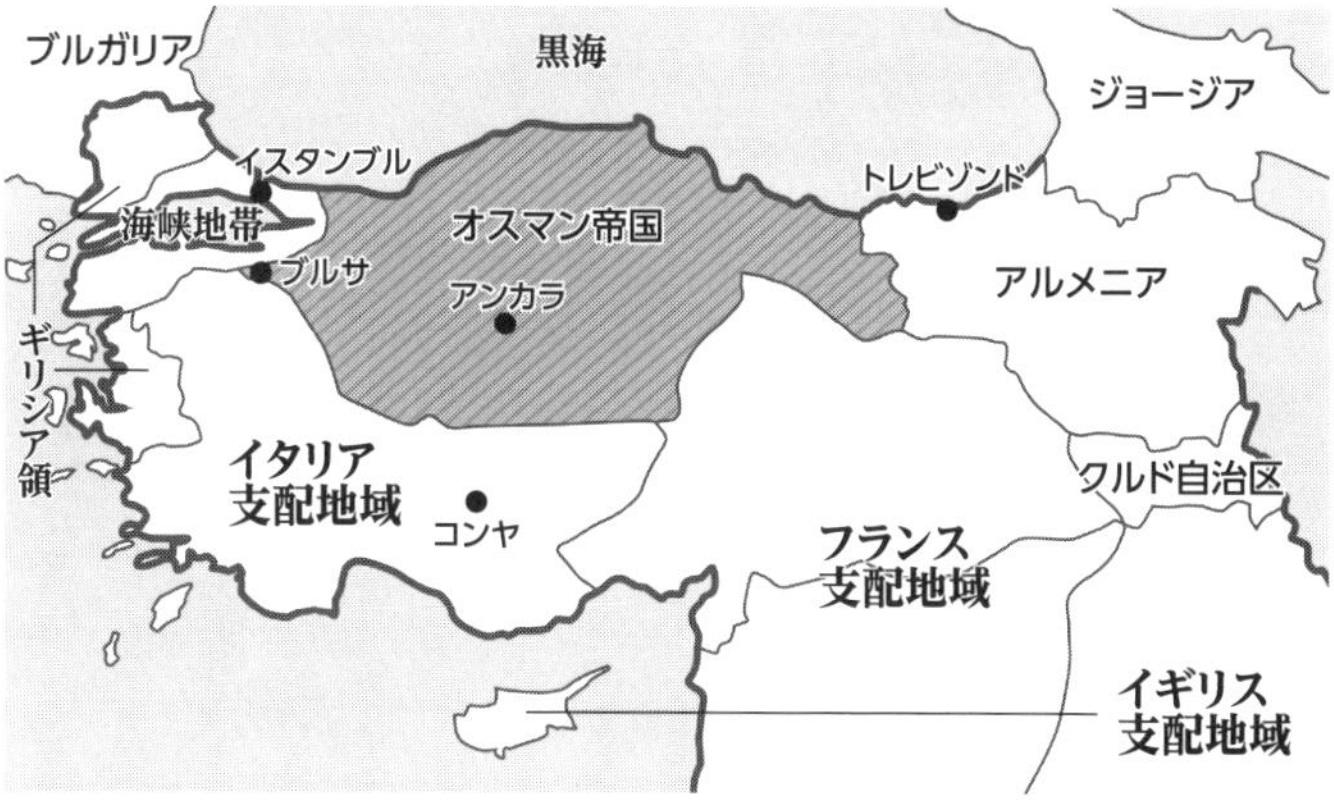

割されます。

ダーダネルスとボスポラスのふたつの海峡は「海峡委員会」という国際機関の管理下に置かれました。占領下にあるイスタンブルの行政は条件付きで認められ、トルコ西部のイズミル地方ではギリシア人が行政権を保障《ほしょう》されました。

この条約は、列強に領土を奪われるだけでなく、トルコの地そのものを消滅させ、さらにはトルコをロシアで成立した社会主義政権に対する防波堤にしようという意図が感じられる内容でした。

トルコ人にとってはたいへん不条理な内容であり、トルコ人のナショナリズムが強くなりました。

トルコ大国民議会

1920年4月、条約の調印に先立ち、連合軍のイスタンブル占領に抗議する形で、ケマルはアンカラで「トルコ大国民議会」を成立させます。

準備期間が短かったため、農民などの労働者は選挙に参加できなかったものの、知識人、地主、商人、官僚などから議員を選び、ケマルを議長に選出しました。その議会こそが国民の意思を代弁する唯一の機関であり、占領下にあるイスタンブル政府は非合法であると主張します。

ケマルの指導する大国民議会は、イスタンブル政府だけではなく、アナトリア半島各地で起きた革命に反対する勢力とも戦わなければなりませんでした。

また、イスタンブル政府が大国民議会の活動を妨害しようと、大国民議会を中傷する宣伝をしたため、反革命勢力は革命軍の武器や兵士調達の方法にも不満をもちます。このとき、成立したばかりだったソヴィエト社会主義共和国連邦は、トルコ大国民議会を支持しました。

アンカラ政府は1920年、ソ連との友好のため「緑《りょく》軍《ぐん》」と呼ばれる秘密結社をつくります。緑軍のなかに共産主義を信奉《しんぽう》する勢力が増えてきて、ケマルに反対する立場を示しはじめると、ケマルは弾圧《だんあつ》を決意しました。共産主義勢力を排除《はいじょ》した1920年12月以降、占領軍との国土解放の戦いを本格化させます。

解放戦争！

アンカラ政府がオスマン帝国内で勢力を強めていくと、国際世論もアンカラ政府の立場を認めざるを得なくなります。1921年1月、ギリシア軍を西アナトリアで大破したことで、アンカラ政府、そしてその下にある軍隊の立場はますます強まり、アンカラ政府がオスマン帝国を代表する権力になっていきます。

そのころ、日本では？

1921（大正《たいしょう》10）年11月、現職の内閣総理大臣である原《はら》敬《たかし》が東京駅で刺殺されました。犯人は国鉄職員の中岡艮一《なかおかこんいち》です。原は普通選挙法の導入に反対し、党利党略をめぐらす政治姿勢が世間から批判を集めていました。中岡の犯行も原への不満が理由とされています。

さらにトルコ大国民議会は「主権在民」を基本とする憲法を制定し、体制を強固なものにしていきました。この憲法の制定によってイスタンブル政府は否定され、大国民議会こそがオスマン帝国の正当な政府であることが示されました。

ソ連とオスマン帝国との間には、アルメニア地方をめぐる対立もありましたが、1921年3月には両国間に友好和親条約が結ばれます。この結果、ソ連から支援物資などが送られるようになり、革命政権は以後、連合軍との戦いを有利に進めることができるようになりました。

イギリスはイスタンブル政権とアンカラ政権の調停を図り、ロンドンで会議を開きますが、ふたつの政権の対立が激しくまとまらずに終わりました。

この会議の間、アナトリア半島西部で続いていたギリシアとの戦争では、ギリシア国王がみずから出陣し、トルコ軍は窮地《きゅうち》に立たされます。その非常事態において、大国民議会はケマルに全権をあたえ、ギリシア軍と対決しました。1921年8月、トルコ軍はギリシャ軍を破ります。戦いの経過から、国際世論もオスマン帝国の立場を理解するようになり、イタリアやフランスも、アナトリア南部の占領から手を引きました。

1922年8月、トルコ軍はギリシア軍に攻撃をしかけて勝利し、ギリシアはアナトリアから撤退しました。10月にはイギリス、フランス、イタリア、さらにギリシアも含めて休戦協定が結ばれ、一連の解放戦争は終わりました。

きっかけはローザンヌ条約

ローザンヌ講和会議で、トルコはギリシアと領土をめぐって激しく対立しました。最終的には、戦争によって回復されたトルコの領土の保全、トルコの国家的、民族的独立が承認されます。また、カピチュレーションなど、トルコが諸国に対して認めていた特権が廃止されました。

この結果、連合国は海峡地帯やイスタンブルに駐留させていた軍隊を撤退させ、トルコの主権は回復しました。ただし、オスマン帝国時代から続く外国への借金の返済義務は新国家

にも引きつがれました。

アンカラ政府の内部では、これからのトルコをどのような国家にするか、意見の対立がありました。スルタンの専制体制を認める者もいれば、国民に主権がある民主国家を望む者もいます。また、ソ連のような共産主義に期待する者もいました。そのようななかで、ケマルの指導力は、ケマルに反対する勢力が団結しても対抗できないほどになっていたのです。

ローザンヌ講和会議が開かれる前に、会議への参加を求める連絡が、スルタン政府とアンカラ政府の両方に届きます。このとき、イスタンブル政府はアンカラ政府に連絡し、協議のためイスタンブルに代表を派遣することを要求しました。これは、アンカラ政府の権力をイスタンブル政府のスルタンに返還するように求めているということでした。

そのころ、日本では？

関東大震災が発生したのは1923（大正12）年9月1日のことです。相模湾《さがみわん》を震源とする大地震により関東全域で10万棟を超える家屋が倒壊。当時の東京、とくに下町は古い木造家屋が密集しており、火災被害も甚大《じんだい》でした。死者・行方不明者の合計は10万人にのぼります。

ケマルはこの問題を解決するため、イスタンブル政府の打倒を決意しました。ケマルは保守派やトルコ国民の信仰を考慮《こうりょ》して、1922年11月、スルタン制とカリフ制を分割し、まずスルタン制を廃止します。これでオスマン帝国の専制体制は終わり、カリフの位はオスマン家が継承しました。

トルコ共和国の成立

ローザンヌ会議に出席する代表選びが難航したことをふまえ、ケマルは議会内で多数派になる必要性を痛感し、組織の拡大を図りました。1923年8月に発足した新議会でローザンヌ条約が国内でも承認されると、ケマルはかねてから主張してきた農民や民族産業への保護などの基本姿勢を明らかにします。

これに対し、ケマルに反対する勢力は、占領軍が去ったイスタンブルに結集して、ジャーナリズムも巻き込んでケマルへの批判を展開しました。

また、大国民議会は1923年10月13日に、トルコの首都をアンカラとします。アンカラは古代ローマ以来の歴史をもち、14世紀にはオスマン侯国の拠点になっていました。

革命でスルタンを倒したことで、トルコの首都となったのです。

1923年10月29日、ケマルは大国民議会に「トルコは共和国である」「トルコ国家の最高機関は国民議会である」「トルコ国家は内閣を通じて統治される」などの内容からなる法案を可決させました。こうしてトルコは「共和国」となったのです。

カリフの権威を否定したケマルに対抗するため、イスタンブル政府は「カリフは元首であり、イスラム世界で重要な意味をもっている」として反対します。これに対しケマルは、トルコがイスラム世界の盟主《めいしゅ》である必要はなく、逆にカリフの権威でイスラム世界に君臨するのはオスマン帝国時代の再現になるとして反論しました。

カリフ制の廃止は、多くのイスラム教国家を動揺させました。それまで、各国のイスラム団体は、トルコが解放されることでイスラム教が勝利した証拠になると信じていました。期待が大きかったからこそ、カリフ制の廃止は衝撃だったのです。

ケマルがめざしたのは、トルコやトルコ人を救うことでした。そして、かつて人々の自由を認めなかったスルタン＝カリフ体制を批判し、イスラム教を政治の道具にしないことを説くと、軍隊もケマルを支持します。そして1924年3月、カリフ制廃止の法案を成立させました。さらに、オスマン皇帝の血縁者の国外追放が決まりました。イスラム法学者を育ててきた学校やイスラム法による裁判が廃止され、トルコは政治に宗教的権威の影響がない国家になりました。ただし、翌月制定された新憲法の第2条には「トルコ国家の宗教はイスラム教である」という条項が入りました。

新しい国家を建設するために

新憲法では国民主権を大前提としました。4年ごとに改選される大国民議会が唯一の代表機関であり立法権を行使すること、また議会が4年ごとに選出する大統領と、彼が任命する首相と、首相が任命し大統領が承認する内閣がそれぞれ行政権を行使することが定められていました。

とはいえ、当時のトルコに民主主義があまり根づいていなかったため、言論・出版・集会の自由などを定めた民主的な条項について、十分な成果がみられませんでした。

独裁的傾向が強い人民党（のちの共和人民党）を嫌い、ケマルに反対する議員たちは1924年に進歩主義者共和党を結成します。そして議会の進め方や経済政策で人民党と対立しました。

１９２５年、アナトリア東部でクルド人の神秘主義教団の指導者が、カリフ制とイスラム法の復活を要求して反乱を起こしました。政府は戒厳令を出して鎮圧し、その地域の進歩主義者共和党の一部も関係したとして同党の集会所を閉鎖《へいさ》し、共産主義者の活動を停止させました。

さらに政府は、反乱の原因をつくってきた神秘主義教団の祈禱所《きとうしょ》などを閉鎖し、活動も停止させました。

また、イスラム暦の廃止と西暦の採用などが行われ、トルコ人の象徴ともいえるトルコ帽の着用までが禁止されます。生活の西欧化がケマルによって強力に進められ、この一環でアラビア文字の使用をやめてアルファベットが採用されました。さらに、憲法に明記されていた「トルコはイスラム国家である」という条項も削除されます。

このような政策をうけて、ケマルの反対勢力によるケマル暗殺計画が発覚しますが、ケマル側はこれを利用して、敵対する政治家を失脚させました。大国民議会から反対勢力が完全に姿を消し、ケマルの独裁体制が実現し、西欧世界と変わらない国家に変質したといえます。

トルコ革命とはなんだったのか

トルコの西欧化は、19世紀のタンジマート改革から始まっていました。

イスラム教は、アラーを信仰する人々からなる宗教国家を建設することを目標に掲げます。そして、西アジアを中心に、アフリカから東南アジアまで広がりました。トルコ人もイスラム教を取り入れ、オスマン帝国時代の繁栄を実現しますが、発展したヨーロッパには対抗できませんでした。

トルコ革命とは、オスマン帝国の政治や社会のあり方を反省し、人々が宗教の影響によって自由を奪われない社会をめざしたものだといえます。1934年、議会はケマルに「アタチュルク（トルコの父）」という称号をあたえました。

ひみつコラム

トルコの国旗と国歌

古くからのシンボルが使われた赤と白の国旗

トルコの国旗は、赤地に白い三日月《みかづき》と星をあしらったデザインです。この旗は「三日月旗」あるいは「新月旗」と呼ばれます。赤地は勇気や力強さを象徴し、三日月と星は民族の進歩と独立をあらわしています。

赤地の旗はオスマン帝国で好んで使われていました。三日月と星を組み合わせた現在の形になったのは１８４４年からで、それ以降、オスマン帝国が崩壊したあとも変更されず使用されています。

国旗の由来は、皇帝が戦場を訪れた際に三日月と星が輝いたこと、戦場の敵の血に三日月と星が反射したこと、など諸説あります。三日月と星はイスラム諸国でも使われますが、起源は古代ギリシア時代で、三日月はコンスタンティノポリス（現在のイスタンブル）の守護神アルテミスのシンボルでした。

●オスマン帝国の国旗
（1453～1517）

●オスマン帝国の国旗
（1517～1844）

●オスマン帝国の国旗
（1844～1923）

●トルコ共和国の国旗
（1935～現在）

トルコの国歌である「独立行進曲」は、トルコ革命の最中の１９２１年に採択されました。歌詞は10節までありますが、通常は最初の2節のみが歌われます。第1節の歌詞は「恐れるな、消えはしない／暁《あかつき》にたなびく紅《くれない》の旗は／我が祖国に燃え立つ最後の火／それは光り輝く我が民族の星／それは我がもの、我が民族のもの」というものです。

　国家がつくられた当時はイギリスやフランス、イタリア、ギリシアが、第一次世界大戦に敗北したオスマン帝国の領土を狙っており、祖国の危機を救うために、多くの人々が自発的に銃《じゅう》をとり、革命に身を投《とう》じました。この国歌には、独立を願うトルコ民族の強い思いが表現されているのです。

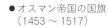

知れば知るほどおもしろいトルコの偉人⑦

トルコ文学を代表する女性作家

ハリデ＝エディプ

Halide Edip

（1884～1964）

トルコ人の葛藤《かっとう》や努力、女性の権利を描く

ハリデ＝エディプは、幼いころから文学や語学に非凡《ひぼん》な才能を発揮します。13歳のとき、英語を習得し、英文学のトルコ語翻訳を行ったほどでした。1908年の青年トルコ革命以降、彼女は大学の講師をしながら小説を書き、女性の社会進出や待遇改善についての活動を行うなど精力的に活動しました。第一次世界大戦後、ギリシア軍が侵攻してくると、ハリデはアンカラのトルコ国民軍に加わり、ムスタファ＝ケマルが率いる独立戦争に参加しました。トルコ共和国成立後は独裁的なケマルに反発してヨーロッパに亡命し、精力的に小説や回想録を執筆しました。1938年にケマルが死去するとトルコに帰国し、大学で教鞭《きょうべん》をとりつつ、議員としても活動します。トルコの文学や女性の地位向上に大きな足跡を残しましたが、ケマルを批判したためにトルコ国内での評価はあまり高くないともいわれています。

chapter 8

現代のトルコ

6本の矢

ケマルを指導者にした共和人民党は1931年の党大会で、新たなトルコ共和国の近代化政策を「ケマルの6原則」として発表しました。その目標は、ヨーロッパ諸国をモデルに「国民国家」にすることでした。その6つとは、①共和主義、②民族主義、③人民主義、④国家資本主義、⑤世俗主義、⑥革命主義で、共和人民党の旗にある6本の矢はその象徴です。

「共和主義」とは、専制君主体制だったスルタン制を廃止したことを意味します。1924年の憲法にあった「トルコはイスラム国家である」という条項は削除されました。

「民族主義」は、トルコ人の国家を建設することを意味します。すべての人々がトルコ人である自覚がもてるような政策が実行されたのです。

「人民主義」は、ロシア革命の影響によって社会主義が広まることを危険だと考えたため、掲げられます。社会主義を実現しようとすると革命が起こり、それまでの権力者や資本家が追放されます。それを避けるために人々の完全な平等を説き、農民や商人、職人、労働者の団結を呼びかけました。「世俗主義」はヨーロッパのような政教分離とはちがっていて、非イスラム化、つまりイスラム教に縛《しば》られない社会をめざします。「革命主義」はこれら一連の政策を支持することで、国民生活を安定させるための経済体制が「国家資本主義（エタティスム）」になります。

国家資本主義の明暗

6本の矢の影響もあり、外国からのお金の提供を受けることなく会社の経営ができる資本家がトルコにも育ちます。一方、遊牧生活をする人々もおり、当時の経済の基本は農業でした。これが経済活動を低迷させる原因になっていました。さらに1929年からは世界恐慌《きょうこう》の影響で、綿花、タバコ、ドライフルーツなどの輸出がふるわなくなり、価格が暴落、地主や民族資本家の危機感は大きかったのです。

このような状況で、外国に頼らない強い経済力をめざして、国家資本主義という政策をとります。国家が巨大な資本を必要とする重工業を助けることで、関連する軽工業なども発展させていくというものです。

1930年にトルコ中央銀行が設立され、1934年からは第1次5カ年計画が始まりました。国内で原料が手に入る産業を育てること、農産物を加工品や半加工品として輸出すること、そのための地場産業をさかんにすることなどを目的としていました。しかし、この恩恵を受けられたのは資本家や地主であり、農民の生活は貧しいままでした。

政府は農民政策として土地の分配を行います。その結果、多くの農民にも土地は行きわたります。ただし、とくに遊牧民にあたえられた土地は、面積が狭くて状態も悪く、生活できるほどの利益が上がらず、自立には結びつきませんでした。

庶民の生活にも明暗

6原則によってイスラム教を背景にした宗教的な束縛《そくばく》から解放され、参政権をあたえられた女性たちは教師、学者、弁護士、裁判官、医師などの社会的分野に積極的に進出しました。

ただし、この動きはアンカラやイスタンブルなどの大都市が中心で、地方ではまだまだ新しい考えになじめない人々もたくさんいました。農民にとって、政府の打ち出す政策は理解できず、かえって都市と農村の格差を大きくしました。

一方、民族主義を強く主張した教育は、農民の間に「自分はトルコ人である」という意識を浸透《しんとう》させました。これに関連して、兵役で文字を習った若者を小学校の教師として育成します。学校では畜産や農業の知識を教える体制を整え、農村の近代化に大きな役割を果たしました。

内に平和、外に平和

世界恐慌は、比較的安定していた国際関係を崩していきます。そのような中でケマルは、国民をふたたび戦争に追いやってはならないという強い信念をもって外交に臨みました。「内に平和・外に平和」というのがケマルの信条で、これは現在のトルコ外交にも引きつがれてきています。

そのころ、日本では？

1936年（昭和11）年2月26日、天皇親政をめざす皇道派の陸軍将校たちによるクーデター未遂《みすい》事件が起こりました。いわゆる「二・二六事件」です。反乱は3日後に鎮圧されましたが、大蔵大臣の高橋是清《たかはしこれきよ》、内大臣の斎藤実《さいとうまこと》、教育総監の渡辺錠太郎《わたなべじょうたろう》らが命を奪われました。

1934年、ギリシア、当時のユーゴスラビア、ルーマニアとはバルカン協商で、バルカン半島での協調を約束しました。1937年にはイラク、イラン、アフガニスタンとサーダーバード条約を結び、中東地帯の安全と平和を確認しました。

トルコにとって油断できない相手であるソ連、ドイツ、イタリアは、露骨な軍備拡大政策を進めていました。そのなかでイギリスやフランスがトルコに接近し、1936年にモントルー条約が締結され、トルコはダーダネルス、ボスポラスのふたつの海峡の主権をとりもどしました。

またハタイ（トルコとシリアの地中海に面した国境地帯、トルコ人やアラブ人の混在している地域）の領有問題では、フランスを譲歩させ、ハタイを併合しました。

ケマルの最期

ケマルの指導する共和人民党内にも立場のちがいが出てきます。国家資本主義を国内で有力な資本家が自立できるまでの一時的な方策と考えるグループと、自由主義経済に代わる永続的な体制と考え、政治的にも国家主導を貫《つらぬ》く立場のイノニュ（イスメット）

を代表としたグループが出てきます。

両者の対立は徐々《じょじょ》に顕在化《けんざいか》していき、1937年にイノニュが解任され、彼と対立するバヤルが首相に任命されました。その1年後、ケマルが病死し、バヤルはケマルの政策をよく知るイノニュに政権を託《たく》しました。

1938年11月からトルコ共和国の第2代大統領になったイノニュはバヤルをはじめ、これまで敵対してきた勢力とも和解しながら、権力を固めていきました。

参戦したが終戦

1939年9月、第二次世界大戦が勃発《ぼっぱつ》します。各国はトルコと有利な関係をもとうとしますが、トルコは巧みに外交を続けました。10月には、イギリスやフランスとともに三国相互援助条約を結ぶ一方、1941年6月にはドイ

第二次世界大戦時のトルコ

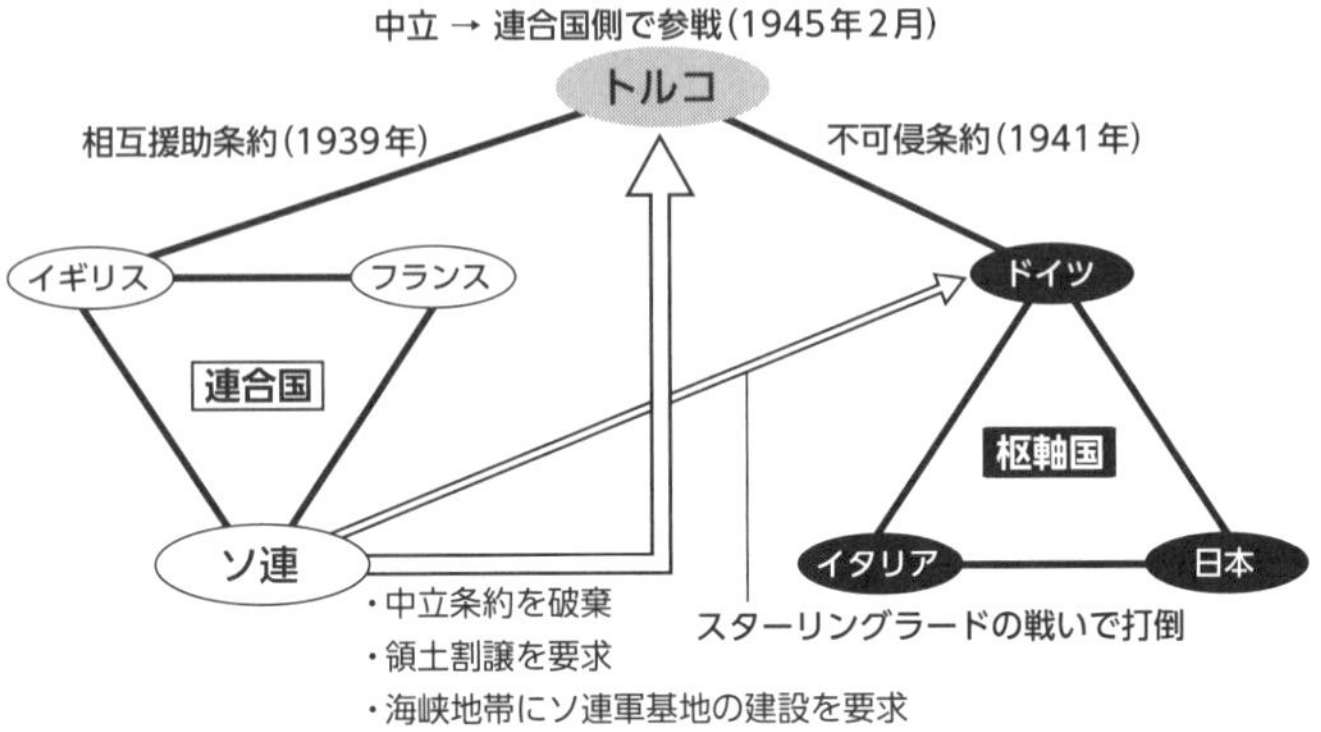

ツと不可侵条約を結びました。

同年6月、独ソ戦が始まると各国がトルコに参戦するよう、圧力をかけてきました。ところが、中立を決めたトルコは動きません。1943年、スターリングラードの戦いでドイツ軍を破ったソ連は、トルコへの圧力を強めました。

1945年2月4日からイギリス、アメリカ、ソ連の首脳はヤルタで会談し、戦後構想を話しあいました。このときトルコに対して、参戦すれば戦後に成立する予定の国際連合の原加盟国にするという条件が示されます。

これを受けて、トルコは2月23日にドイツに宣戦しました。しかしソ連は3月に中立条約を破棄し、トルコに領土割譲を要求しただけでなく、海峡地帯でのソ連軍基地の建設まで要求します。ドイツが5月に降伏したため、トルコは戦いには参加せず終戦を迎えます。

大戦下のトルコ社会

第二次世界大戦では終戦直前まで中立を維持したトルコですが、ソ連やドイツからの攻撃に備えなければならず、軍事予算を増やします。多くの若者が徴兵され、軍事産業が優先されました。鉱山や工場での労働が強制された結果、農業生産力が低下し、食糧《しょくりょう》難《なん》、生活必需品が不足します。すると物価が上がり、国民生活を圧迫しました。

１９４０年、「国民保護法」を制定した政府は、物価を決める権限をもちました。しかしこれが裏目に出て、物品が正規のルートで手に入れられなくなり、庶民の生活はかえって苦しくなります。一方で、この状況を逆手にとって利益を得た「戦争成金」と呼ばれる商人や経営者も出てきます。

このような庶民の不満の解消のため、１９４２年、政府は「富裕税《ふゆうぜい》」を導入しました。ところが、どれだけの税をとるかは地方の官僚や有力者に任されたため、効果が出ませんでした。また、イスタンブルのイスラム教徒でない貿易業者は厳しく課税されたため、イスタンブルから出てしまいました。

１９４３年になると、利益を上げている地主や農業生産者を対象に、農産物税が制定されました。しかし、税率が同じだったため、富裕な地主への負担は小さく、稼ぎの少ない農民に大きな負担を強いることになりました。

共産主義への防波堤

第二次世界大戦が終わったあと、トルコは戦勝国の一員となりました。しかし、国民の生活は非常に苦しいものでした。東ヨーロッパ諸国がソ連の強い影響を受けるようになり、ソ連の脅威が増大します。トルコ人のなかでは、ロシアへの敵意がふたたび大きくなっていました。

それまで中東で大きな力をもっていたイギリスが国際関係で力を失い、アメリカが発言力を大きくします。１９４７年、トルーマン＝ドクトリンではギリシアとトルコへの支援の必要性を宣言し、１９４８年のマーシャル＝プランでそれが実行されます。トルコには総額で1億ドルの援助が決まりました。

支援されたトルコは、1950年に勃発した朝鮮戦争にも兵を送り、1952年にはギリシアとともにNATO（北大西洋条約機構）に加盟したことで、地中海で共産主義が拡大するのを防ぐ立場になります。

1955年、イラクとトルコの間でバグダード条約機構が結成され、イギリス、イラン、パキスタンも参加します。ちなみに、1959年にイラクが離脱すると、本部はアンカラに移され、CENTO（中央条約機構）と名前を改めました。

戦後はデモが拡大

戦後、多くの国で民主化が進み、トルコもその例外ではありませんでした。

そのころ、日本では？

現在の政権与党を務める自由民主党は1955（昭和30）年11月、自由党と日本民主党の保守合同により誕生しました。自由民主党を与党、日本社会党を野党第一党とする「55年体制」は、細川連立政権が誕生する1993（平成5）年まで続くこととなります。

独裁者でもあったケマルの死後、国民の間に解放感のようなものもありました。高等教育を受けた知識人たちは新しいトルコをつくろうという意識があり、労働者も増え、それぞれが権利を主張しはじめます。

多くの貧しい農民たちも徴兵されることで、新しい国家のあり方を意識するようになり、やがて政治批判へとつながっていきました。

また、トルコは、複数政党制になって民主化への第一歩を踏み出しました。共和人民党の政策に反対する人々が新しい政党を組織する過程で、政治が一般大衆のものになっていったのです。

なかでも宗教政策では、ケマルのもとで徹底的に進められた世俗主義への反動ともいえる動きがあり、共和人民党政権はアンカラ大学で神学部を発足させ、小学校でも課外活動として宗教教育が復活します。

１９５０年の選挙では、農民からの票を集めて民主党が第一党になりました。メンデレス政権は、イスラム教の復活を唱え、モスクの復興などの宗教を支援する政策が実行されました。さらにケマル像を破壊する者も現れますが、このような動きは政府により弾圧されます。しかし、かつてケマルがめざした宗教に縛られない国家という理想は弱まっていました。

民主党の経済政策

民主党政権はマーシャル＝プランで提供された資金で地主の利益を中心とした経済発展をめざします。都市と農村を結びつける道路網の整備、貿易の整備、さらにアメリカなどからトラクターなどの農業機械の導入などを行いました。

1950年から始まった朝鮮戦争による穀物輸出の増加や、天候にもめぐまれて好況が続いたため、民主党政権への支持率は高まります。また、国営企業よりも私営企業の育成に方針を転換し、私営企業への融資《ゆうし》が拡大されました。農村産業にも融資が行われたため、発展します。こうしてトルコの経済は、国営企業と民間企業の「混合経済」になっていきます。

ただし、この経済発展からとり残される人々もいました。農地が拡大した結果、遊牧的生活をしていた人々の土地が奪われたのです。農村にいられなくなった人々は都市に移っても職場がなく、露天商《ろてんしょう》、門番などの不安定な仕事を続けながら、スラムのような場所での生活を強《し》いられます。

第二共和政

民主党は1954年の選挙でも圧倒的支持を集めました。独裁化を強めたメンデレスは1957年の選挙でも第一党を維持しますが、不満をもって離党する者も出ます。

また、共和人民党のイノニュに反対する暴力的な運動も行われはじめました。政府批判への言論統制も強化され、民主党政権を批判した大学教授が懲戒《ちょうかい》処分にされるなど、騒然《そうぜん》とした雰囲気が広がっていました。

このような民主党に対する不満から1960年5月27日、トルコの将来を案じた軍隊が動き、政府、官庁、報道機関などを制圧します。民主党は解体されてメンデレスをはじめ政府要人は逮捕され、代わってギュルセル将軍が国家元首となります。

革命政府は国内外に対し、NATOやCENTOの体制の維持と、早期に軍人から民間人へ政権を譲るという声明を出しました。

さらに、革命の指導者たちは「国民統一委員会」を組織します。そのなかで実権を握った勢力が、大学教授などに新憲法の草案作成を依頼しました。そして民主党時代の不まじめな政治家たちの追放と、庶民生活の安定が図られます。

新憲法は、国民統一委員会が指名した人物、知識人、政治家などで組織された立憲議会が1年をかけて作成されます。

クーデターからちょうど1年後の1961年5月27日に承認され、さらに7月9日、国民投票で61パーセントの賛成を得て、成立しました。

その内容は、権力の分散による一党独裁の防止、言論・出版の自由、デモやストライキの承認など、民主的な要素が多く含まれていました。

しかし、憲法起草委員の人選などが国民から不評で、年末の総選挙では、公正党が多数派を占めます。公正党は人民共和党と連立したものの政治が安定せず、内閣はすぐに倒壊しました。

コーラがトルコに

公正党は旧民主党員の支持を得て、民主党時代の政治腐敗《ふはい》のイメージを払拭《ふっしょく》しようとします。外国商品の導入、農民保護の政策などの方針は国民に評価されました。1960年代のトルコ経済はおおむね好調で、各家庭には国産の冷蔵庫などが普及《ふきゅう》しました。コカ・コーラなどが入ってくるのもこの時代です。

しかし一方、革命以来の問題になっていた「土地改革」は、地主などの反対により遅々として進みません。機械の導入、化学肥料の普及、灌漑《かんがい》網の整備などの農業改革を進めました。

これは地主などのための政策であり、文化水準も低く、イスラム教の信仰がなおも強く残るアナトリア東部は発展からとり残されました。

60年代の政治運動

新憲法でうたわれた言論・出版の自由を受けて1960年代のトルコ人の考え方や行動に新しい傾向が出てきます。この時代のトルコは大学生が増えて社会主義思想に傾倒《けいとう》し、1968年にはフランスの学生運動の影響で、大学の民主化の要求から学生運動が起こりました。さらに外部の政党や団体と結びつき、社会改革などを要求する政治運動も発生しました。

イスラム復活運動も過激になり、世界のイスラム教徒に向けてイスラム神権政治の復活を訴える者も出てきます。このような左翼的な動き、宗教的な動きに危機感をもち、トルコ人の民族主義をあおる勢力もいました。一方の左翼勢力も過激化するなど、政治的に不安定な状態が続きます。

トルコの政治や社会が不安定であることに危機感をもった西側諸国は、世界銀行を通じてトルコへの緊急経済援助を行いました。しかし経済は安定せず、1971年にはNATO基地で働くアメリカ人が誘拐《ゆうかい》される事件まで起こり、その組織の拠点になった大学に警官が突入、銃撃戦が行われるという事態にまでなりました。

書簡によるクーデター

1971年、トルコの軍隊はすべての活動の学生団体や労働者組織の活動禁止と解体を命じ、さらに左翼系の雑誌や新聞の発行を停止しました。この弾圧は、学者や知識人にまでおよびました。これらの軍部の動きは、「書簡《しょかん》によるクーデター」といわれます。

一方、右翼や民族系団体への対応はゆるやかで、このころ宗教活動家だったエルバガン(のちの首相)は逮捕されませんでした。

政府は中道勢力を中心とした連立内閣を組織し、政治改革をめざします。しかし、議会内で多数を占める公正党が保守主義者をとり込んだため、革新性をなくします。改革派は政界を去り、無力な保守勢力による内閣が続いたため、社会改革への国民の期待は実現されませんでした。

軍隊が手を引いたあと、1973年10月の選挙ではジャーナリスト出身のエジェヴィト率いる共和人民党が第一党となり、わずかな差で公正党が続き、1970年代はこの両党を軸に、国民救済党などの宗教的、民族主義的な政党とも連立しました。

1974年1月、エジェヴィトは首相となります。7月にはクーデターの起きたキプロスにトルコ軍を派遣して島の北部を占領し、トルコの州とします。この作戦により、エジェヴィトは国民的英雄になりました。しかし、この事態を憂慮《ゆうりょ》したアメリカがトルコへの武器輸出を禁止します。

八方美人で大失敗

1975年に行われた選挙で、保守系の4つの党（公正党、国民救済党、共和信頼党、民族主義者行動党）が「民族主義者戦線」を結成し、デミレルを首相とする新内閣が誕生しました。この内閣は全方位外交（敵対する国をつくらず、どこの国とも対等に交流する外交方針）を展開し、ソ連・東欧との関係も重視しましたが、副首相エルバガンの方針でサウジアラビアやイラクなど産油国を中心としたアラブ世界との関係も深めていきました。イラクからトルコ領内を通るパイプライン建設による石油輸出国からの資本（オイル＝ダラー）の流入を図ったものです。

しかしどの政党も、経済活動の引き締めが必要だと指摘することができないまま、1970年代の末には外債返済義務が果たせなくなりました。経済の低迷はストライキを生み、外国からのテロも続きます。1978年に民族主義者戦線内閣が崩壊したあと、民族主義者を公官庁から追放したことも影響し、極右勢力によるテロや宗教の対立も激化しました。

1979年、イランでイラン＝イスラム革命が起こります。ソ連のアフガニスタン進攻も始まるなどNATO陣営の周辺で混乱が続くと、その周辺にあるトルコが軍事的にも重要な役割をもつことになりました。このため、アメリカなどからのトルコへの支援が再開されます。

第三共和政スタート

宗教勢力や左翼勢力の動きによるケマルの建国の理想が揺らぐのを恐れた軍部は、1

980年9月、クーデターによる政権掌握を宣言しました。この年から始まった新しい共和政を第三共和政といいます。憲法は停止され、議会は解散し、すべての政党活動が禁止されました。

このとき、デミレル首相は失脚し、官房長官だったオザルが副首相になります。オザルは政治の安定と経済の再建をめざしました。たとえばNATOに留まることで、外国からの資金援助を期待します。

1982年には憲法改正が行われました。一院制の採用、大統領権限の強化、政党は一定の得票率がないと議員の当選が無効になるなどの新しいシステムを定められます。1983年の選挙では祖国党、人民党、愛国民主党が争い、オザル率いる中道右派の祖国党が勝利しました。

祖国党は自由主義勢力、イスラム勢力、ナショナリズム勢力という3つの派閥に社会民主主義（民主主義的な手法で社会主義を実践する考え方）の4つの基本政策理念をもちます。

民族主義的傾向の強い中道右派の政党、イスラム教重視の政党、社会主義的傾向をもつ中道左派の政党のスローガンを寄せ集めた祖国党は、特色を失っていきました。それでも経済官僚として実績を積みあげてきたオザル首相は、1980年代のトルコをけん引します。

この時代、世界各国で採用されていた新自由主義（国家の規制をなくし、企業の自由競争に任せる経済の原則）をオザルも実行し、トルコ経済も栄《さか》えました。しかし、恩恵は有産者に集中し、貧富の差の拡大やインフレなどが発生したため、批判の声も大きくなります。

1990年代に入るとトルコをめぐる国際関係が大きく変わります。最大の問題は1991年のソ連崩壊です。ソ連に対する防波堤としてのトルコの役割は低下したものの、トルコ系のカザフスタン、その他の中央アジアの諸国家、黒海の周辺諸国家との経済的、政治的な関係が強化されま

そのころ、日本では？

1980年代後半の「バブル景気」は1991（平成3）年に崩壊しました。それまで日本の地価と株価は上昇を続けていましたが、経済成長の実態に見合っておらず、政府と日銀は総量規制など緊縮政策に転じます。その結果、地価と株価は暴落し、日本は「平成不況」に陥るのです。

クルド人の動き

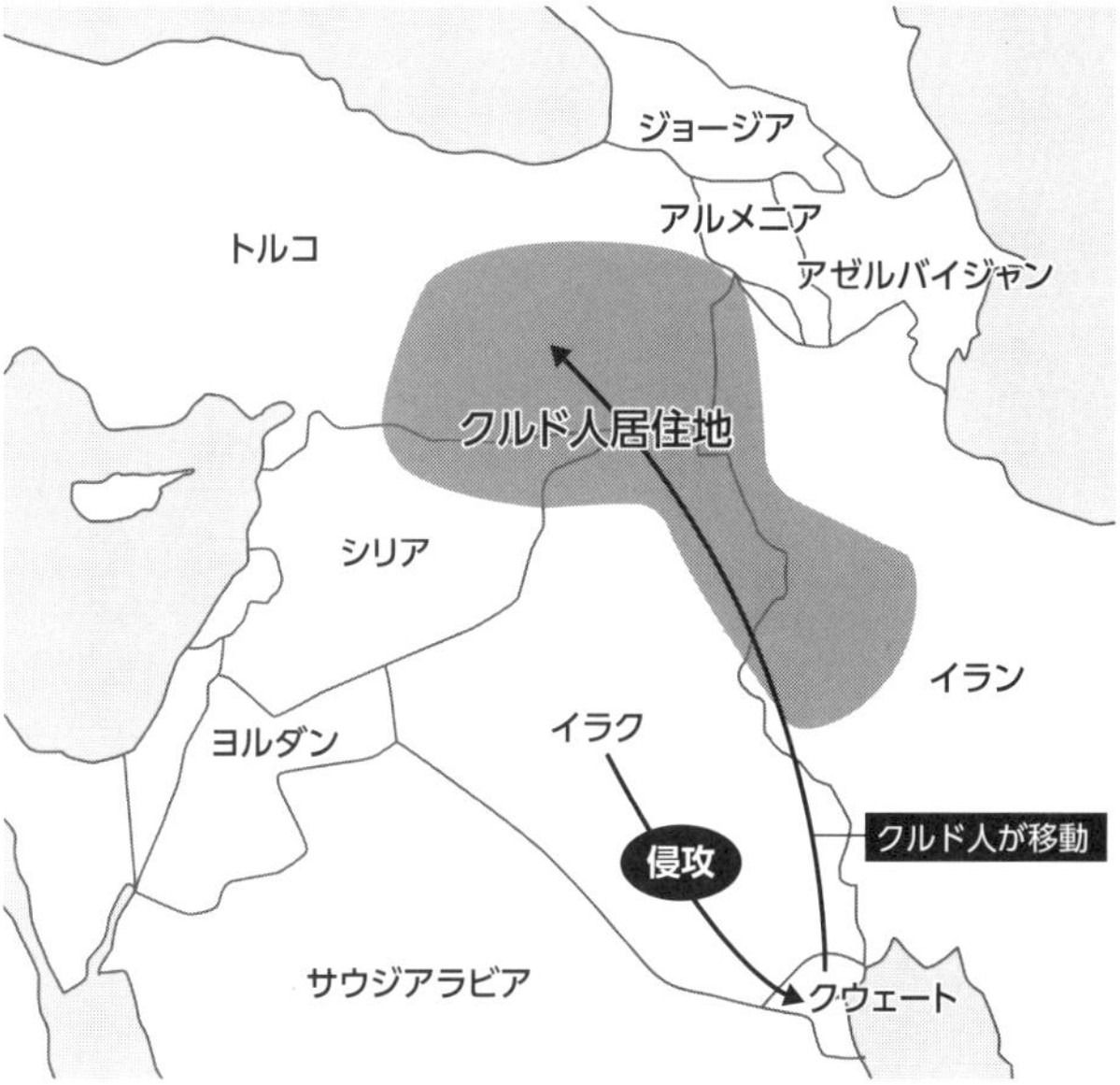

した。

１９９２年にはブルガリア、ジョージア、ルーマニア、ロシア、ウクライナ、トルコに加え、アルバニア、アゼルバイジャン、アルメニア、ギリシア、モルドバ、セルビア＝モンテネグロ（当時）の諸国と黒海経済協力機構（ＢＳＥＣ）を結成しました。これによって、経済面で諸国の協力関係が強化されます。

クルド人の問題

紀元前からトルコの東部にあ

るシリア、イラクとの国境をまたぐ地域に、クルド人がいました。クルド人もトルコ人ですが、「トルコはトルコ人の国家である」としているトルコ政府は、民族としてのクルド人を認めていません。クルド人側も、現状を受け入れている者がいる一方、クルド人国家の建設をめざす勢力もいます。

1990年、イラクがクウェートを占領したため、多国籍軍が攻撃しました（湾岸《わんがん》戦争）。このとき、イラクに居住するクルド人は、イラク政府による迫害を避けるため、トルコ国内へ難民として流れこみます。これを機にトルコ国内にもクルド人の権利を主張する勢力が出てきました。

一方で、アンカラ大学の学生だったオジャランにより、非合法の共産主義系の武装組織のＰＫＫ（結成時はクルド労働者党、現在はクルディスタン労働者党）が結成され、各地でテロ活動を行うようになります。政府の弾圧を受けますが、シリアやレバノンにも拠点を移し、テロ活動を続けました。

クルド人問題は、トルコの国内だけでなく、国際問題にもなっています。たとえば、クルド人に対する抑圧があるため、現在もトルコのＥＵ加盟は実現していません。

世紀末に混乱

内政では1993年にオザルが急逝《きゅうせい》し、政治の中心人物を失ったことから新しい問題が出てきます。当時のトルコでは、単独で過半数を取れる政党がなく、強力な指導力が期待できませんでした。

また建国以来の課題ともいえる経済問題、国家財政の改善をめざす政策と、貧富差の解消をめざす政策があり、前者を資本家や地主が支持し、後者は農民や都市の貧民に支持されます。この対立により、安定した政権の樹立が難しい状況でした。

さらに、福祉党の党首エルバカンが首相になり、彼がイスラム色の強い政策を行い、国際的にもアメリカに反発するイランやリビアなどとの関係の強化を図りました。

福祉党は保守的な貧困層をとり込んで支持を広めたものの、エルバカンの宗教色の強い行動に軍部が反感を強めました。1997年には、危機感をもった軍部の圧力によって、エルバガンは首相を辞任します。しかし、その後もトルコでは宗教勢力が力を増していきます。

エルドアンとAKP

2001年、福祉党に所属し、イスタンブル市長としても活動していたレジェップ＝タイイップ＝エルドアンなどによって、AKP（公正発展党）が結成されます。

AKPは福祉党の後継政党が分裂してできた政党で、とくに低所得層に配慮した経済政策、社会政策が支持され、長く政権を維持してきました。

たとえば、イスタンブルの周辺地帯に清潔《せいけつ》な集合住宅を開発し、低金利で庶民に開放します。エルドアンはイスタンブルの下町で育ったこともあり、これまでのエリート政治家とは異なり、イスラム的生活や庶民性をアピールしながら権力を強化していました。

軍部は、AKPの着実な支持拡大に危機感をもち、トルコ共和国でケマルの建国精神を守ろうとします。しかし、2007年の選挙ではAKPが勝利し、軍部の不満は大きくなります。この対立は2010年にかけて起きた軍によるクーデター未遂《みすい》事件につながり、軍の権威は失墜《しっつい》して終わりました。エルドアンの権力、AKPへの支持が拡大します。

彼は政策決定に際し、はじめのうちは側近たちとの協議を重ねていました。しかし、年々独裁者的な傾向が強まっていき、ヨーロッパとの関係の強化を図るトルコにとってはマイナスになります。

ゼロプロブレムな外交って？

21世紀の中東の危機は、イラクが保持しているとされた大量破壊兵器をアメリカが問題視して出兵したイラク戦争から始まります。エルドアンはアメリカとともに参戦することを主張しますが、世論のほとんどが反対し、トルコはこの戦争への兵は派遣しませんでした。

トルコの外交は「ゼロプロブレム外交」といわれ、どの国とも友好的な関係をもちます。アメリカはもちろん、ロシア、イラン、中国などとも関係も構築していきました。イランとは核開発について、核エネルギーの平

和的利用として支持しています。

アメリカとは、イラク戦争以降もエルドアンが友好的な関係を維持し、オバマ大統領との会談も実現しています。

ソ連の崩壊後は中国とも軍事的に協力関係をもち、中国製品を購入したほか、トルコ領内の軍事演習場も開放しました。

そして、エルドアンはロシアとも軍事的な結びつきを強化しており、ロシアからの兵器輸入を嫌ったアメリカがトルコに制裁を加えるなどの事態も起きています。

トルコのこれから

2011年にチュニジアから広がった「アラブの春」(独裁に反対し民主化を求める運動)は隣国シリアにも影響がおよび、シリアの政治は大きく動揺しました。

そのころ、日本では?

2011(平成23)年3月11日に発生した東日本大震災では、マグニチュード9の巨大地震とそれに伴う大津波が甚大《じんだい》な被害をもたらしました。死者と行方不明者の合計は2万2000人に達し、2021(令和3)年7月現在も約4万人が避難生活を余儀なくされています。

エルドアンは仲介役を買って出たものの、イスラム教内の宗派的対立もあり、複雑な事態が生まれます。

これにクルド人問題もからみ、問題の解決はみえない状況になります。2018年には、サウジアラビア人ジャーナリストがイスタンブルにあるサウジアラビア王国総領事館で殺害された事件の影響で、サウジアラビアとの関係も悪化しました。

メッカやメディナといったイスラム教の聖地があるサウジアラビアに対し、イスラム世界の盟主でありたいというトルコの立場も考えられ、問題は複雑化しており、簡単な解決は望めない状況にあります。

地政学的にいってもトルコは東西世界の中心にあり、その存在は大きなものです。この地にかつて存在したオスマン帝国は、現在もトルコ人の心のなかに、トルコ人の栄光の時代として残っています。

トルコは、アラブやイランとともに、イスラム世界の中心のひとつです。この国がこれからの国際関係でどんな動きをするのかによって、世界の状況も変わっていくかもしれません。

トルコの歴史
年表

この年表は本書であつかったトルコを中心につくってあります。

下段の「世界と日本のできごと」と合わせて、理解を深めましょう。

年代	トルコのできごと	世界と日本のできごと
552	突厥帝国の成立	日本 仏教が伝わる（538もしくは552）
840ごろ	ウイグルの西走	世界 フランク王国の分裂（843）
874	サーマン朝成立	世界 黄巣の乱が始まる（875）
11世紀ごろ	トルコ人のアナトリア半島進出がさかんに	日本 藤原道長が摂政に（1016）
1055	セルジューク族がバグダードに入城	世界 ノルマン朝が成立（1066）
1071	マンジケルト（マラーズギルド）の戦い	世界 カノッサの屈辱（1077）
1299	オスマン侯国建国	世界 フビライが国号を元と定める（1271）
14世紀中ごろ	イェニチェリ軍団の始まり	世界 百年戦争が始まる（1339）
1354	オスマン朝軍がガリポリ半島制圧、バルカン半島に進出	世界 紅巾の乱が起こる（1351）
1389	コソヴォの戦い	日本 南北朝が統一される（1392）

1402	アンカラの戦いでオスマン一時的に滅亡（1413に再興）	世界 明の鄭和が第一次航海に出発（1405）
15世紀前半	ティマール制の整備	世界 ジャンヌ・ダルクの処刑（1431）
1453	東ローマ帝国滅亡	世界 イギリス・フランス百年戦争終結（1453）
1514	チャルディランの戦い	世界 ティムール朝の滅亡（1500）
1517	マムルク朝の滅亡	世界 宗教改革（1517）
1520	スレイマン1世即位	世界 マゼラン艦隊が太平洋に到達（1520）
1526	モハッチの戦い	世界 ドイツ騎士戦争が始まる（1522）
1529	第一次ウィーン包囲	世界 カンブレーの和約が締結（1529）
1535	フランスにカピチュレーションをあたえる	世界 インカ帝国の滅亡（1533）
1538	プレヴェザの海戦	日本 ポルトガル人が種子島に来る（1543）
1569	ソコルル＝メフメト＝パシャのドン・ヴォルガ運河計画	世界 ユグノー戦争が始まる（1562）
1571	レパントの海戦	日本 室町幕府が滅亡（1573）
1580	イギリスにカピチュレーションをあたえる	日本 本能寺の変（1582）
1593	オーストリアとの長期戦争（～1606）	世界 ナントの勅令（1598）
1645	ヴェネツィアとの長期戦争（～1669）	世界 ウエストファリア条約（1648）

年代	トルコのできごと	世界と日本のできごと
1656	キョプリュリュ＝メフメト＝パシャが大宰相になる	日本 由井（由比）正雪の乱（1651）
1657	ヴェネツィアがダーダネルス海峡を封鎖	世界 フランス・スペイン戦争が終結（1659）
1683	第二次ウィーン包囲失敗	世界 イギリス名誉革命（1688）
1695	終身徴税請負制度の始まり	世界 第二次百年戦争が始まる（1689）
1699	カルロヴィッツ条約	世界 スペイン継承戦争（1701〜1713）
1709	スウェーデン王カール12世がオスマン帝国に亡命	日本 赤穂事件（1702）
1718	パサロヴィッツ条約	世界 オーストリアで国事詔書（1724）
1720年代	チューリップ時代	日本 徳川吉宗が目安箱を設置（1721）
1727	イスタンブルに活版印刷所設立	世界 オーストリア継承戦争（1740〜1748）
1774	キュチュクカイナルジー条約	世界 アメリカ独立宣言（1776）
1792	ヤッシー条約	世界 フランス革命が始まる（1789）
1793	ニザーム＝ジェディード軍団の創設	世界 ナポレオンのエジプト遠征（1798）
1805	ムハンマド＝アリーがエジプト総督に就任	世界 ウィーン会議（1814〜1815）
1821	ギリシア独立戦争（〜1829）	日本 大日本沿海輿地全図が完成（1821）

1826	イェニチェリの廃止、ムハンマド常勝軍創設	世界 第一次イギリス・ビルマ戦争（1824）
1829	オスマン帝国がギリシアの独立を承認	世界 フランスがアルジェリアを占領（1830）
1839	ギュルハネ勅令発布、タンジマート改革始まる	世界 アヘン戦争が始まる（1840）
1853	クリミア戦争（～1856）	世界 ナポレオン3世の第二帝政（1852）
1856	改革勅令	日本 ペリーが浦賀に来航（1853）
1876	ミドハト憲法発布	日本 桜田門外の変（1860）
1877	露土戦争	日本 西南戦争（1877）
1878	サン＝ステファノ条約を結ぶ	日本 紀尾井坂の変（1878）
1889	青年トルコ人の活動始まる	日本 大日本帝国憲法発布（1889）
1908	青年トルコ革命によりミドハト憲法復活	日本 日韓併合（1910）
1911	伊土戦争	世界 辛亥革命（1911）
1912	第一次バルカン戦争	世界 中華民国成立（1912）
1913	第二次バルカン戦争	世界 第一次世界大戦勃発（1914）
1916	ガリポリの戦いで勝利	世界 ロシア革命（1917）
1918	ムドロス休戦協定調印	世界 ドイツ帝国が崩壊（1918）

年代	トルコのできごと	世界と日本のできごと
1919	ギリシア軍が参戦し、イズミルを占領	世界 パリ講和会議（1919）
1920	セーブル条約を結ぶ	世界 国際連盟が発足（1920）
1922	アンカラ政府がスルタン制を廃止	世界 ソ連が成立（1922）
1923	トルコ共和国の成立	日本 関東大震災が発生（1923）
1924	カリフ制の廃止、新憲法の発布	日本 普通選挙法が制定（1925）
1928	憲法のイスラム国教条項が削除される	世界 世界恐慌が始まる（1929）
1931	エタティスム導入	日本 満州事変が勃発（1931）
1934	ケマルがアタチュルクの称号をあたえられる	世界 ソ連が国際連盟に加盟（1934）
1936	モントルー条約調印	日本 二・二六事件が発生（1936）
1939	イギリス・フランスと相互援助条約	世界 ドイツ軍がパリに無血入城（1940）
1941	トルコ・ドイツ不可侵条約締結	日本 真珠湾攻撃（1941）
1945	対日独宣戦布告	世界 第二次世界大戦終結（1945）
1947	トルコ・アメリカ軍事援助条約締結	世界 インドとパキスタンが分離独立（1947）
1948	マーシャルプランを受け入れる	世界 第一次中東戦争（1948）

1952	NATO加盟	日本 サンフランシスコ条約により主権回復（1951）
1954	総選挙で1950年に引き続き民主党が圧勝	世界 アメリカの水爆実験（1954）
1955	METO（バグダード条約機構）成立	世界 ワルシャワ条約が締結（1955）
1960	軍部のクーデター　民主党政権崩壊	日本 日米新安全保障条約が締結（1960）
1961	第二共和政開始	世界 ソ連が人類初の有人宇宙飛行（1961）
1963	第一次5カ年計画開始	世界 ケネディ大統領暗殺（1963）
1971	書簡によるクーデター	世界 ベトナム戦争（1965～1975）
1974	キプロスに派兵	世界 ソ連のアフガニスタン侵攻（1979）
1980	軍部のクーデターで第二共和政が終わる	世界 イラン・イラク戦争（1980～1988）
1982	第三共和政開始	世界 フォークランド紛争（1982）
1985	第二ボスポラス橋の起工	世界 湾岸戦争（1991）
1999	クルド労働者党党首オジャランに死刑判決（のち終身刑）	世界 アメリカで同時多発テロ（2000）
2002	トルコ総選挙でイスラム政党圧勝	世界 イラク戦争（2003）
2014	公正発展党のエルドアンが大統領に就任	世界 ISILが「イスラム国」樹立を宣言（2014）
2021	新型コロナウイルスの流行により約5万人が死亡	世界 新型コロナウイルスの流行（2020～）

参考文献

『岩波 イスラーム辞典』羽田正ほか編(岩波書店)
『シルクロードと唐帝国』森安孝夫(講談社)
『遊牧民から見た世界史 民族も国境もこえて』杉山正明(日本経済新聞出版)
『トルコのものさし 日本のものさし』内藤正典(筑摩書房)
『トルコの歴史』三橋冨治男(紀伊國屋新書)
『テュルクの歴史』カーター・V・フィンドリー著/小松久男監訳/佐々木紳訳(明石書店)
『イスラーム歴史物語』後藤明(講談社)
『イスラームの国家と王権』佐藤次高(岩波書店)
『オスマン帝国』鈴木董(講談社現代新書)
『オスマン帝国』小笠原弘幸(中公新書)
『オスマン帝国500年の平和』林佳代子(講談社)
『オスマン帝国の時代』林佳代子(山川出版社)
『オスマン帝国衰亡史』アラン・パーマー著/白須英子訳(中央公論社)
『オスマン帝国英傑列伝』小笠原弘幸(幻冬舎新書)
『オスマン帝国はなぜ崩壊したのか』新井政美(青土社)
『ハプスブルクとオスマン帝国』河野淳(講談社選書メチエ)
『オスマン vs ヨーロッパ』新井政美(講談社選書メチエ)
『ケマル・アタチュルク』設楽國廣(山川出版社)
『ケマル・パシャ伝』大島直政(新潮選書)
『イスラムと近代化』新井政美編著(講談社選書メチエ)
『トルコ近現代史』新井政美(みすず書房)
『中東現代史Ⅰ トルコ・イラン・アフガニスタン』永田雄三・加賀屋寛・勝藤猛(山川出版社)
『サイクス=ピコ協定 百年の呪縛』池内恵(新潮選書)
『トルコ現代史』今井宏平(中公新書)
『文明の交差点の地政学 トルコ革新外交のグランドプラン』アフメト・ダウトオウル著/中田考監訳/内藤正典解説(書肆心水)
『クルド・国なき民族のいま』勝又郁子(新評論)
『中東 迷走の百年史』宮田律(新潮新書)
『誰にでもわかる中東』小山茂樹(時事通信社)
『イスラーム世界の挫折と再生』内藤正典編著(明石書店)
『イスラーム世界の危機と改革』加藤博(山川出版社)
『イスラームの世界地図』21世紀研究会編(文春新書)
『ユーラシア胎動 ロシア・中国・中央アジア』堀江則雄(岩波新書)
『イスタンブール 三つの顔をもつ帝都』ジョン・フリーリ著/鈴木董監修/長縄忠訳(NTT出版)

[著者]
関眞興（せき・しんこう）
1944年、三重県生まれ。東京大学文学部卒業後、駿台予備学校世界史科講師を経て著述家。『30の戦いからよむ世界史（上）（下）』『キリスト教からよむ世界史』『一冊でわかるアメリカ史』『一冊でわかるドイツ史』など著書多数。

編集・構成／造事務所
ブックデザイン／井上祥邦（yockdesign）
イラスト／suwakaho
協力／尾登雄平、奈落一騎、村中崇
写真／Shutterstock

世界と日本がわかる　国ぐにの歴史
一冊でわかるトルコ史

2021年8月30日　初版発行
2024年8月30日　5刷発行

著　者　関眞興

発行者　小野寺優
発行所　株式会社河出書房新社
〒162-8544
東京都新宿区東五軒町2-13
電話03-3404-1201（営業）
03-3404-8611（編集）
https://www.kawade.co.jp/
組　版　株式会社造事務所
印刷・製本　TOPPANクロレ株式会社

Printed in Japan
ISBN978-4-309-81110 9